中国古代皇后

王 俊 编著

中国商业出版社

图书在版编目（CIP）数据

中国古代皇后 / 王俊编著. -- 北京：中国商业出版社，2016.12
ISBN 978-7-5044-9684-3

Ⅰ. ①中… Ⅱ. ①王… Ⅲ. ①皇后 – 列传 – 中国 – 古代 Ⅳ. ① K827=2

中国版本图书馆 CIP 数据核字 (2017) 第 001875 号

责任编辑：常 松

中国商业出版社出版发行
010-63180647　www.c-cbook.com
（100053 北京广安门内报国寺 1 号）
新华书店经销
三河市同力彩印有限公司
＊
710×1000 毫米　16 开　15 印张　226 千字
2017 年 9 月第 1 版　2017 年 9 月第 1 次印刷
定价：45.00 元
＊ ＊ ＊ ＊
（如有印装质量问题可更换）

《中国传统民俗文化》编委

主　编	傅璇琮	著名学者，原国务院古籍整理出版规划小组秘书长，清华大学古典文献研究中心主任教授，原中华书局总编辑
顾　问	蔡尚思	著名历史学家，中国思想史研究专家
	卢燕新	南开大学文学院副教授
	王永波	四川省社会科学院文学研究所副研究员
	叶　舟	中国思维科学研究院院长，清华大学、北京大学特聘教授
	于春芳	北京第二外国语学院教授
	杨玲玲	西班牙文化大学文化与教育学博士
编　委	陈鑫海	首都师范大学中文系博士
	李　敏	北京语言大学古汉语古代文学博士
	赵　芳	出版社高级编辑，曾编辑出版过多部文化类图书
	韩　霞	山东教育基金会理事，作家
	陈　娇	山东大学哲学系讲师
	吴军辉	河北大学历史系讲师
	石雨祺	出版社高级编辑，曾编辑出版过多部历史类图书
	王　欣	全国特级教师
策划及副主编	王　俊	

序 言

  中国是举世闻名的文明古国，在漫长的历史发展过程中，勤劳智慧的中国人，创造了丰富多彩、绚丽多姿的文化，可以说人创造了文化，文化创造了人，这些经过锤炼和沉淀的古代传统文化，凝聚着华夏各族人民的性格、精神、智慧，是中华民族相互认同的标志和纽带。在人类文化的百花园中摇曳生姿，展现着自己独特的风采，对人类文化的多样性发展作出了巨大贡献。中国传统民俗文化内容广博，风格独特，深深地吸引着世界人民的眼光。

  正因如此，我们必须深入学习贯彻十八届三中全会精神，按照中央的规定，加强文化建设。2006年5月，时任浙江省委书记的习近平同志就已提出："文化通过传承为社会进步发挥基础作用，文化会促进或制约经济乃至整个社会的发展。"又说："文化的力量最终可以转化为物质的力量，文化的软实力最终可以转化为经济的硬实力。"（《浙江文化研究工程成果文库总序》）今年他去山东考察时，又再次强调：中华民族伟大复兴，需要以中华文化发展繁荣为条件。

  学习习近平同志的重要讲话，确可体会到，在政治、经济、军事、社会和自然要素之中，文化是协调各个要素协同发展、相关耦合的关健。正因为此，我们应该对华夏民族文化进行广阔、全面的检视。我们应该唤醒我们民族的集体记忆，复兴我们民族的伟大精神，发展和繁荣中华民族的优秀文化，为我们民族在强国之路上阔步前行创设先决条件。

实现民族文化的复兴,更必须传承中华文化的优秀传统。现代中国人,特别是年轻人,对传统文化十分感兴趣,蕴含感情。但当下也有人对具体典籍、历史事实不甚了解,比如说,中国是书法大国,谈起书法,有些人或许只知道些书法大家如王羲之、柳公权等等的名字,知道《兰亭集序》是千古书法珍品,仅此而已。再比如说,我们都知道中国是闻名于世的瓷器大国,中国的瓷器令西方人叹为观止,中国也因此而获得了"瓷器之国"(英语 china 的另一义即为瓷器)的美誉。然而关于瓷器的由来、形制的演变、纹饰的演化、烧制等等瓷器文化的内涵,就知之甚少了。中国还是武术大国,然而国人的武术知识,或许更多地来源于一部部精彩的武侠影视作品,对于真正的武术文化,我们也难以窥其堂奥了。我们还是崇尚玉文化的国度,我们的祖先,发现了这种"温润而有光泽的美石",并赋予了这种冰冷的自然物以鲜活的生命力和文化性格,例如"君子当温润如玉",女子应"冰清玉洁"、"守身如玉";"玉有五德",即"仁"、"义"、"智"、"勇"、"洁",等等。今天,熟悉这些玉文化的内涵的国人,也为数不多了。

也许正有鉴于此,有忧于此,近年来,已有不少有志之士,开始了复兴中国传统文化的努力,读经热开始风靡海峡两岸,不少孩童乃至成人,开始重拾经典,在故纸旧书中品味古人的智慧,发现古文化历久弥新的魅力。电视讲坛里一波又一波对古文化的讲述,也吸引着数以万计的人们,重新审视古文化的价值。现在放在读者眼前的这套"中国传统民俗文化丛书",也是这一努力的又一体现。我们现在确应注重研究成果的学术价值和应用价值,充分发挥其认识世界、传承文化、创新理论、咨政育人的重要作用。

中国的传统文化内容博大,体系庞杂,该如何下手,如何呈现?这套丛书处理得可谓系统性强,别具心思。编者分别按物质文化、制度文化、精神文化等方面来分门别类地进行组织编写,例如在物质文化的层面,就有中国古代纺织、中国古代酒具、中国古代农具、中国古代青铜器、中国古代钱币、中国古代石刻、中国古代木雕、中国古代建筑、中国古代砖瓦、中国古代玉器、中国古代陶器、中国古代漆器、中国古代桥梁等等。

在精神文化的层面，就有中国古代书法、中国古代绘画、中国古代音乐、中国古代艺术、中国古代篆刻、中国古代家训、中国古代戏曲、中国古代版画等等；在制度文化的层面，就有中国古代科举、中国古代官制、中国古代教育、中国古代军队、中国古代法律等等。

此外，在历史的发展长河中，中国各行各业还涌现出一大批杰出的人物，至今闪耀着夺目的光辉，启迪后人，示范来者，对此，这套丛书也给予了应有的重视，中国古代名将、中国古代名相、中国古代名帝、中国古代文人、中国古代高僧等等，就是这方面的体现。

生活在21世纪的我们，或许对古人的生活颇感好奇，他们的吃穿住用如何？他们如何过节？如何安排婚丧嫁娶？如何交通？孩子如何玩耍？等等。这些饶有兴趣的内容，这套中国传统民俗文化丛书，都有所涉猎，例如中国古代婚姻、中国古代丧葬、中国古代节日、中国古代风俗、中国古代礼仪、中国古代饮食、中国古代交通、中国古代家具、中国古代玩具、中国古代鞋帽等等，这些书籍介绍的，都是人们深感兴趣，平时却无从知晓的内容。

在经济生活的层面，这套丛书安排了中国古代农业、中国古代纺织、中国古代经济、中国古代贸易、中国古代水利、中国古代车马、中国古代赋税等等内容，足以勾勒出古人经济生活的主要内容，让今人得以窥见自己祖先曾经的经济生活情状。

在物质遗存方面，这套丛书则选择了中国古镇、中国古楼、中国古寺、中国古陵墓、中国古塔、中国古战场、中国古村落、中国古街、中国古代宫殿、中国古代城墙、中国古关等内容。相信读罢这些书，喜欢中国古代物质遗存的读者，已经能大致掌握这一领域的大多数知识了。

除了上述内容外，其实还有很多难以归类却饶有兴趣的内容，例如中国古代的乞丐这样的社会史内容，也许有助于我们深入了解这些古代社会底层民众的真实生活情状，走出武侠小说家们加诸他们身上的虚幻不实的丐帮色彩，还原他们的本来面目，加深我们对历史真实的了解。继承和发扬中华民族几千年创造的优秀文化和民族精神是我们责无旁贷的历史责任。

  不难看出，单就内容所涵盖的范围广度来说，有物质遗产，有非物质遗产，还有国粹。这套丛书无疑当得起"中国传统文化的百科全书"的美誉了。这套书还邀约了大批相关的专家、教授参与并指导了稿件的编写工作。

  应当指出的是，这套书在写作中，既钩稽、爬梳大量古代文化文献典籍，又参照近人与今人的研究成果，将宏观把握与微观考察相结合。在论述、阐释中，既注意重点突出，又着重于论证层次清晰，从多角度、多层面对文化现象与发展加以考察。这套丛书的出版，有助于我们走进古人的世界，了解他们的美好生活，去回望我们来时的路。学史使人明智。历史的回眸，有助于我们汲取古人的智慧，借历史的明灯，照亮未来的路，为我们中华民族的伟大崛起添砖加瓦。

  是为序。

傅璇琮
2014年2月8日

前 言

中国过往的历史是男性主宰一切的历史，女性大多数是作为男性的附庸和陪衬而存在着，她们往往被排斥在当时的主流社会生活以外。但也有这么一群人，她们陪伴在历代皇帝身边，成为中国封建时代妇女中地位最高贵的人，一度显赫一时。在古代中国政治、经济和文化的舞台上，主导权力的角色主要由男性担当，能扮演这种角色的女性可谓凤毛麟角。但就是这些为数不多的突出女性，她们也在中国五千年的历史长河中起到了不可忽视的作用。她们就是历朝历代的皇后。皇后作为寄生于封建统治权力的顶峰——皇帝周围的一个群体，她们对封建政治的影响是不容低估的。不了解皇后，也就不大可能全面了解中国的封建社会。

尽管她们在皇帝的耀眼光环下显得有些黯然失色，但是事实上，她们凭着自己的资质做着普通女人，甚至很多男人都做不到的事情。她们有的谨守妇道，相夫教子，主管后宫，为皇帝排除后顾之忧，如隋文帝的独孤皇后、李世民的长孙皇后、朱元璋的马皇后等；有的不甘平庸，想与男人一争高下，甚至问鼎皇帝的宝座，如李治的皇后武则天，光绪帝的生母慈禧皇太后等；或者才智胆略超群，却毫无取而代之做皇帝之意，一心扶持子孙实现安邦兴国的鸿志，如北魏文明皇后冯氏，清皇太极皇后孝庄；或者凭借自己的魅力专宠后宫，为所欲为，唯恐天下不乱，抓住一切时机参与政事，以满足自己的权力欲，她们阴险、毒辣、自私，作为一国之母却走上不归歧路——专权聚利，祸国害民，被后世人唾骂，如后唐庄宗李存勖的皇后刘氏、宋光宗的皇后李凤娘……这些非凡的女性都在用自己独特的方式诠释着"巾帼不让须眉"的佳话。

皇后，用智慧改写着自己和家族的命运，也改写着封建王朝的命运。历史是一面镜子，它给后人以借鉴，读者通过阅读本书，可以从中学到许多为人处世的智慧与谋略，也可以学到不甘于现状、力求进取的精神。本书就是本着忠实于历史的原则，力求集实用性、准确性、生动性、趣味性、启发性于一体，以翔实的历史史实资料、精练生动的语言表达和丰富的图片展示，将皇后们的生平事迹图文并茂地、真实完整地再现于读者面前。

限于篇幅，本书没有将有记载的皇后都搜罗无遗，只是尽量把在历史上最有影响力、名气最大的皇后囊括其中，但举凡后妃的出身来历、性格品行、相夫教子、争宠倾轧、宫闱弄权、垂帘听政，都有所涉猎，勾勒出一幅中国封建社会丰富多彩的后宫生活的历史画卷。

限于编者水平有限，书中的不足之处还恳请专家与读者批评指正。

目 录

第一章　幽幽后宫深几许

第一节　后宫法度大揭秘 …… 002

后宫等级制度 …… 002

后妃遴选制度 …… 009

第二节　母仪天下的皇后 …… 018

帝后大婚仪式 …… 018

皇后的责任 …… 024

悲惨的归宿 …… 027

第二章　超级皇后：女皇与准女皇

第一节　吕雉：中国第一位皇后 …… 036

终成人中龙凤 …… 036

楚军大营中的思考 …… 040

权利的欲望 ··· 043

　　历史的毁誉参半 ·· 049

第二节　武则天：千古一女皇 ································ 053

　　命运的转机 ··· 053

　　迎来"二圣临朝" ·· 056

　　杀子专权 ·· 059

　　女皇登基 ·· 062

　　魂断上阳宫 ··· 064

第三节　慈禧：晚清最高权力统治者 ······················ 068

　　辛酉政变初垂帘 ··· 068

　　复垂帘，再垂帘 ··· 075

　　是非功过后人说 ··· 080

第三章　母仪天下尊国母

第一节　马明德：深明大义的布衣皇后 ·················· 090

　　与皇族结亲 ··· 090

　　踏入太子宫 ··· 092

　　修身养德美名传 ··· 096

第二节　邓绥：临朝称制的女政治家 ······················ 099

　　二次走进大汉皇宫 ······································ 099

登后位步步惊心 …………………………………… 104
　　开始了女皇生涯 …………………………………… 109
　　一生辛劳未得善终 ………………………………… 113

第三节　长孙无垢：千古一贤后 ………………………… 119
　　一对璧人伉俪情深 ………………………………… 119
　　坤载万物的长孙皇后 ……………………………… 122
　　贤妻良后的典范 …………………………………… 125

第四节　马秀英：从孤女到母仪天下 …………………… 130
　　患难夫妻情 ………………………………………… 130
　　仁厚道德就是爱 …………………………………… 131
　　怀德不能忘 ………………………………………… 133

第四章　皇后乱政祸宫闱

第一节　刘氏：姿色绝众，好兴利聚财 ………………… 140
　　贪权牟利，拒认生身之父 ………………………… 140
　　贪财吝啬，误国害己 ……………………………… 143

第二节　李凤娘：骄恣凶悍，弄权控势 ………………… 149
　　天性悍妒有蛇蝎心肠 ……………………………… 149
　　离间父子有高明手段 ……………………………… 152

第五章　女中豪杰展政才

第一节　芈八子：太后专权，权倾天下 ………… 158
　　这个不简单的女人 ………… 158
　　宣太后的政治集团 ………… 160

第二节　窦漪房：农家有女变凤凰 ………… 162
　　困顿中崛起的麻雀 ………… 162
　　麻雀终变金凤凰 ………… 164
　　皇帝不知闺中恨 ………… 166
　　皇太后舞弄朝政风云 ………… 168
　　尊崇黄老思想的统治者 ………… 170

第三节　刘娥：一代贤后，还政有方 ………… 174
　　一代贤后的成长之路 ………… 174
　　刘后的垂帘听政时代 ………… 179

第四节　孝庄皇太后：辅佐三代君王的女政治家 ………… 185
　　政治上初露锋芒 ………… 185
　　终成圣母皇太后 ………… 187
　　一切为了孩子 ………… 189
　　皇家矛盾的旋涡 ………… 190
　　祖孙同心治天下 ………… 193

第六章　政治婚姻红颜薄

第一节　张嫣：清丽之花有谁知 …………………………… 198

　　一场背离人伦的婚姻 ……………………………………… 198

　　幽居深宫尝人间冷暖 ……………………………………… 202

第二节　萧皇后：历经五位君王而不衰 …………………… 204

　　晋王妃助夫夺嫡 …………………………………………… 204

　　隋炀帝的皇后 ……………………………………………… 206

　　宇文化及的淑妃 …………………………………………… 209

　　窦建德的宠妻 ……………………………………………… 211

　　两代突厥番王的王妃 ……………………………………… 212

　　唐太宗的昭容 ……………………………………………… 213

第三节　婉容——中国最后一位皇后 ……………………… 215

　　末代皇后的悲惨一生 ……………………………………… 215

　　历史上最后一声叹息 ……………………………………… 216

参考书目 ……………………………………………………… 222

第一章
幽幽后宫深几许

　　前朝明争暗斗,风起云涌;后宫暗藏玄机,步步惊心。本书的开篇,为读者系统介绍的是后宫等级制度的历史沿革,以及皇后的命运。我们从幽幽后宫中总能学到点什么,或勤学,或勇敢,或自信,或坚强,或理智,或智慧,或善良。以史为镜,可以知兴替,以人为镜,可以明得失。这才是我们学习历史的根本目的。

第一节　后宫法度大揭秘

■ 后宫等级制度

在我国漫长的封建社会中，朝代的更迭，其官场等级制度在运行着。同样，后宫的等级制度也在运行着。

夏殷以前，我国后宫制度比较简单，文字记述也比较模糊。天子的配偶统称为妃。如黄帝有四妃，帝喾也有四妃。正嫡称为元妃，其他均称为次妃。

立后现象始于周代，正嫡称为王后。《周礼》规定：天子立一后，三夫人（正一品），九嫔（正二品），二十七世妇（正三品至五品），八十一御妻（正六品至八品）。与外朝六宫、三公、九卿、二十七大夫、八十一元士相对应。"六宫"即前一宫，后五宫。"后五宫"指后一宫、三夫人一宫、九嫔一宫、二十七世妇一宫、八十一御妻一宫。

公元前三世纪的秦王朝，首位当推"皇后"，第一级为"夫人"，第二级为"美人"，第三级为"良人"，第四级为"八子"，第五级为"七子",第六级为"长使",第七级为"少使",但史书上没有记载她们的职务是什么。

汉帝国后宫制度上承秦制,并明确规定皇帝的祖母称为太皇太后,母亲称为皇太后,中国后宫制度的母后称号就此确定,历代相沿。公元前2世纪70年代,汉武帝刘彻对此再度进行改组,把后宫内的美女分为十级——超级为"皇后",位比皇帝,爵比皇帝;第一级为"婕妤",位比宰相,爵比亲王;第二级为"娙娥",位比上卿,爵比列侯;第三级为"容华",位比中二千石(副宰相),爵比关中侯;第四级为"充依",位比真二千石(部长),爵比大上造(文官最高级,一品);第五级为"美人",位比二千石(州长),爵比少上造(文官第二级,二品);第六级为"良人",位比千石(州长级),爵比中更(文官第三级,三品);第七级为"八子",位比千石(州长级),爵出左更(文官第四级,四品);第八级为"七子",位比八百石(副州长),爵比右庶长(文官第五级,五品);第九级为"长使",位比八百石(副州长级),爵比左庶长(文官第六级,六品);第十级为"少使",位比六百石(县长),爵比五大夫(文官第七级,七品)。

此编制,维持了七十年,到了汉元帝时期,刘奭在位,他认为十级编制尚不够用,于是扩大为十五级,在最末两级之内,再分为若干级——特级为"皇后",与秦制一样,位比皇帝,爵比皇帝;第一级为"昭仪",位比宰相,爵比亲王(新设的最高位号头衔，原"夫人"取消）；第二级为"婕妤"，位比上卿，爵比列侯（原是第一级，在新编制中，降为第二级）；第三级为"娙娥"，位比中二千石，爵比关内侯（原是第二级，在新编制中，降为第三级）；第四级为"容华"，位比真二千石，爵比大上造（原是第三级，新编制中，降为第四级）；第五级为"充依"，位比二千石，爵比少上造（原是第四级，在新编制中，降为第五级）；第六级为"美人"，位比千石，爵比中更（原是第五级，在新编制中，降为第六级）；第七级为"良人"，位比千石，爵比左更（原是第六级，在新编制中，降为第七级）；第八级为"八子"，位比八百石，爵比右庶长（原是第七级，在新编制中，降为第八级）；第九级为"七子"，位比八百石，爵比左庶长（原是第八级，在新编制中，降为第九级）；第十级为"长使"，位比六百石，爵比五大夫（原是第九级，在新编制中降为第十级）；第十一级为"少使"，位比四百石，爵比公乘（原是第十级，在新编制中，降为第十一级。"公乘"，文官制度最后一级）；第十二级为"五官"，位比三百石（"五官"，雇员阶层最高一级，年薪只三百石，微不足道，十二级以下）；第十三级为"顾常"，位比二百石（雇员阶层第二级）；第十四级内的等级颇多，级内再分六等："无涓""共和""娱灵""保林""良娣""夜者"，位比百石；第十五级也有两等："上家人子""中家人子"，位比斗食，这是位次最低的一级。

曹魏时期由于文学的浪漫和对雅号的喜好，嫔妃又被分成十二等级：贵嫔、夫人、淑妃、淑媛、昭仪、昭华、修容、修仪、婕妤、容华、美人、良人。

魏太祖建国后，皇后之下的后妃又被分为五等：夫人、昭仪、婕妤、容华、美人；魏文帝时期新增五等：贵嫔、淑媛、修容、顺成、良人；魏明帝时期新增三等：淑妃、昭华、修仪，剔除顺成。太和时，魏明帝诏复夫人之制，位在淑妃之上。

晋时在皇后之下，设三夫人：贵嫔、夫人、贵人，位比三公；又设淑妃、淑媛、淑仪、修华、修容、修仪、婕妤、容华、充华九嫔，位比九卿；在九嫔下设有美人、才人、中才人，爵位比千石以下官员。

北朝承魏晋制度，略有增减。"道武追尊祖妣，皆从帝谥为皇后。始立中宫。余皆或称夫人，多少无限，然皆有品次。太武稍增左右昭仪及贵人、淑房等。后庭渐多矣。"

北魏孝文帝改定内官：左右昭仪视大司马，三夫人视三公，三嫔视三卿，六嫔视六卿，世妇视中大夫，御女视元士。后来又置女职，以典内事：内司视尚书令、仆；作司、太监、女侍中三宫视二品；监、女尚书、美人、女史、女贤人、女书史、书女、小书女五宫视三品；中才人、供人、中使、女生才人、恭使宫人视四品；表衣、女酒、女飨、女食、奚官女奴视五品。南朝宋在晋制上有增有删，至宋明帝时规定：以贵嫔、贵妃、贵姬为三夫人；以淑媛、淑仪、淑容、昭华、昭仪、昭容、修华、修仪、修容为九嫔；以婕妤、容华、充华、承微、列荣为五职；另设散役包括美人、才人、良人。

南朝齐高帝建元元年（479年），设贵嫔、夫人、贵人为三夫人，修华、修仪、修容、淑妃、淑媛、淑仪、婕妤、容华、充华为九嫔，美人、中才人、才人为散职。建元三年（481年），太子妾分三等：良娣、保林、才人。子宫置内职，良娣比开国侯；保林比五等侯；才人比驸马都尉。

南朝梁、陈以贵妃、贵嫔、贵姬为三夫人；淑媛、淑仪、淑容、昭华、昭仪、昭容、修华、修仪、修容为九嫔；婕妤、容华、充华、承微、列荣为五职；美人、才人、良人为三职。

北周宣帝自称为天元皇帝，皇太后便被尊为天元皇太后，又设正阳宫皇后、天皇太后、天皇后、天右皇后、天左皇后。大象二年（580年）二月，改制诏为天制，敕为天敕。颁令：尊天元皇后为天元皇太后，天元皇太后李氏为天元圣皇太后，天元皇后杨氏为天元大皇后，天皇后朱氏为天大皇后，天右皇后元氏为天右大皇后，天左皇后陈氏为天左大皇后，正阳宫皇后称皇后。

隋文帝杨坚得天下后，鉴于前朝的积弊，一一加以革新。后宫中也一改旧制，只设皇后正位宫闱。开皇二年（582年），吩咐依照《周礼》著内官程式，省减后宫人数，规定嫔三人，掌教四德，视正三品；世妇九人，负责宾客祭祀，视正五品；女御三十八人，主管女工丝台，视正七品。

隋炀帝时，后妃、嫔没有专职，"唯端容丽饰，陪从燕游而已"。炀帝醉心此事，自制嘉名，以贵妃、淑妃、德妃为三夫人，品第一；顺仪、顺容、顺华、修仪、修容、修华、充仪、充容、充华为九嫔，品第二；婕妤十二人，品第三；美人、才人十五人，品第四；是为世妇；宝林二十四人，品第五；御女二十四人，品第六；采女三十七人，品第七，为御妻。总计一百二十四人。另有承衣刀人等，"皆趋侍左右，并无员数，视六品以下"。

唐代皇后以下，设四夫人：贵妃、淑妃、德妃、贤妃；九嫔：昭仪、昭容、昭媛、修仪、修容、修媛、充仪、充容、充媛；二十六世妇：婕妤、美人、才人各九人；八十一御妻：宝林、御女、采女各二十六人。

唐王朝宫廷初期：第一级惠妃，第二级淑妃，第三级德妃，第四级贤妃，位比亲王；第五级昭仪，第六级昭容，第七级昭媛，第八级修仪，第九级修容，第十级修媛，第十一级充仪，第十二级充容，第十三级充媛，位比宰相；第十四级婕妤，位比部长；第十五级美人，位比省长；第十六级才人，位比厅长；第十七级宝林，位比郡长（太守、知府）；第十八级采女，位比县长。

唐开元时期，以皇后以下设四夫人不合旧制，"乃置惠、丽、华三妃，六仪，四美人，七才人，而尚宫、尚仪、尚服各二"。

唐明皇李隆基时，第一级贵妃，位比亲王；第二级惠妃，第三级丽妃，第四级华妃，位比宰相；第五级芳仪，第六级芬仪，第七级微仪，第八级昭仪，第九级修仪，第十级充仪，位比部长；第十一级美人，位比省长；第十二级才人，位比厅长；第十三级尚宫，第十四级尚仪，第十五级尚服，位比郡长（太守、知府）。

两宋嫔御的名号没有准则，比较杂乱。大致地说，初入宫时，女子的名号有：侍御、红霞帔；再进一步，封君，封夫人。南宋改君为夫人，君和夫人在人数和郡名上没有一定。夫人以后，再进便是才人、美人、婕妤，然后进为昭仪、昭容、修媛、修仪、修容、充媛、婉容、婉仪、顺容、贵仪等；再进为妃一级：贵妃、贤妃、德妃、淑妃、宸妃。宋后宫的显著特色是无定位，由初级开始，随宠遇增长，不断晋级。

辽代皇后之下，有元妃、德妃、文妃、惠妃，各妃之间没有什么等级差别。元代除了皇后和各妃这两个称谓，后宫中再没有别的名号。金代则复杂和完善一些。

金是女真人建立的王朝。金代明确规定，选后不取自庶族。金创国之初，后宫嫔妃没有名号。到金熙宗时，始有贵妃、贤妃、德妃之称。海陵王执政时，后宫寝多，宠妃有十二位：元妃、姝妃、惠妃、贵妃、贤妃、宸妃、丽妃、淑妃、德妃、昭妃、温妃、柔妃。金世宗天定年间，后宫减少。金章宗明昌时期，后宫规制大备。

金代后宫仿照汉制定了一套嫔御制度，明文确定：皇后下设贵妃、贤妃、德妃三妃，正一品，同汉三夫人；昭仪、昭容、昭媛、修仪、修容、修媛、充仪、充容、充媛，正二品，同汉九嫔；

婕妤九人，正三品，美人九人，正四品，才人九人，正五品，同汉二十七世妇；宝林二十七人，正六品，御女二十七人，正七品，采女二十七人，正八品，同汉八十一御妻。另有尚宫、尚仪、尚服、尚食、尚寝、尚功都不得是后宫内官。

元朝是蒙古族建立的朝代，元后宫除了正皇后以外，不无所谓的第二皇后、第三皇后，只要皇上高兴，设多少皇后都行。

明代的后宫宫女很多。宫女被皇帝御幸以后，便获得妃的名号，进入了皇帝嫔妃的行列。但明代后宫除了皇后的称谓，只有妃这一级，没有嫔。妃有贵妃、淑妃、宁妃、贤妃、恭妃、宸妃、康妃、庄妃、裕妃，其中贵妃在妃这一级中地位最高。

清太祖初起时，宫闱未有位号，俗称妃为"福晋"。清兵入关以后，康熙皇帝玄烨确定了后宫号位定制：尊皇帝的祖母为太皇太后；母亲为皇太后；太皇太后、皇太后住慈宁宫，太妃、太嫔随住；皇后坐镇中宫，主持后宫事务；皇后下设皇贵妃一人、贵妃二人、妃四人、嫔六人，分住东西十二宫；嫔以下设贵人、常在、答应，无定数，随皇贵妃分住东西各宫。清后宫制度规定，皇帝大婚之前，选八位比皇帝大的宫女，供皇帝进御，即献身皇帝。八位宫女都有名分，授以宫中四个女官的职衔：司账、司寝、司仪、司门。

■ 后妃遴选制度

后宫中的妃嫔是怎样入宫的呢？据史书记载，最初，战败国的女俘会成为战胜国帝王的嫔妃和宫女。《易经》上有"匪寇婚媾"之语，说明远古时期的婚媾手段与匪寇之争并无大异。《晋书》："昔夏桀伐有施，有施工以妹喜女焉；殷辛伐有苏，有苏人以妲己女焉。"妲己和妹喜是我国古代少有的美人，而她们都是因讨伐有施和有苏而获得的。周幽王姬宫涅出兵攻打褒国，褒国献上美女褒姒后，周幽王才停战。

随奴隶制度的逐步瓦解，帝王后宫中的嫔妃主要来源有二：一是友邦的赠送。如晋文公重耳逃亡到秦国，秦穆公把已嫁给晋太子为妻的亲生女儿改嫁给重耳，还先后送给重耳五位美女，帮助重耳回晋国杀害晋怀公。秦穆公这样做是为了利用重耳控制晋国。战国时期，美女被帝王们当作一种礼物而互相赠送，这在诸国之间早已司空见惯。二是臣子进献。战国七雄争霸，秦孝文王为取信于赵国，将夏姬所生之子异人（后更名子楚）作为人质送往赵国邯郸，于是便有了后来的大商人吕不韦献姬谋政的故事。到了秦汉时期，皇帝皇宫的嫔妃是按照一些制度从民间选出一些符合制度的女子，其中有大部分宫女都是运用强权被迫入宫服役的。

东汉时期，每年八月，宫中派中大夫、掖庭丞内廷官偕同精通相术之人，一起到京都洛阳挑选良家子。年龄在十三岁以上，二十岁以下，姿色秀丽、容貌端庄、面相合乎相法为挑选的标准。选中者遂坐上车，被载入宫中。

东汉以后，后妃遴选形成制度。每年秋季八月开始从民间遴选良家女子。三国时期，三国鼎立争雄，宫人多靠战争掠夺女子，籍没罪臣妻妾、女儿入宫，从民间选送者为少数。晋武帝夺位后，下诏"禁天下嫁娶"，进行大规模遴选，晋武帝后宫美女五千人，晋灭吴后，又把东吴孙皓后宫美女五千人全部接收下来，使后宫人数达到一万人。

魏晋南北朝时期，十六国后赵皇帝石虎劫夺民间妇女三万置后宫。太子石宣和诸公也仿效石虎，有美女一万之众。

石虎对十二位选美使者因选美有功封为列侯。石虎选美采用极为残忍的手段，杀夫、夺妻，被逼得愤而自尽者，前后有三千之众。荆、楚、徐、扬为之一空。"百姓有美女……求之不得，便诬以犯罪，死者百余家，海岱、河济间人无宁日。"晋武帝司马炎灭吴以后，将吴主孙皓后宫数千人、掖庭数万美女纳为己有。隋炀帝杨广败南陈时，听说陈后主的宠妃张丽华有倾国之貌，攻入建康（今南京市）之际急命臣下高颎留下张丽华，但高颎没有听令，将张丽华斩首，杨广愤恨不已，耿耿于怀。唐玄宗时，每年派遣使臣到全国各地挑选美女，充实后宫。被派遣者称之为"花鸟使"。

《清异录》中记载，南唐后宫，美女如云，彩蝶飞舞，蜻蜓游弋花丛。李后主宫中，窅娘缠足之事被闹得一时沸沸扬扬。窅娘纤弱秀丽，能歌善舞。后主为她造了一个"大莲花"。莲花上面装饰各种宝物，中间是五色莲，后主还命窅娘用布带把双脚缠起来，使足尖像月牙，然后让窅娘在莲花上飞旋、凌波，跳后主喜欢的舞蹈。此后，后宫之人，人人模仿以获君心，这一行为，竟影响了中国上千年，侵害了一代又一代的中国妇女。唐镐诗云："莲中花更好，云里月长新。"说的就是窅娘缠足一事。

元代时，清礼亲王昭梿说："元朝，后宫宫女多至四万，久禁不放。"明清时期，宫中的嫔妃数量之多虽未明确记载，但史书中却记载着许多大臣劝谏皇帝尽量裁减宫女的事情，由此可以看出明清二代的后宫女性数量之多。

纪昀在《明懿安皇后外传》中记载了明熹宗天启元年后宫遴选的盛况："熹宗朱由校将举行大婚礼，先期选天下淑女十三至十六者，有司聘以银币，其父母送之，正月集京师，集者五千人。"可谓盛况空前，接着又说："天子分遣内监选女，每百人以齿序立。内监巡视之，曰：某稍长、某稍短、某稍肥、某稍脊，皆扶出之。遣归者千人。""诸女分立如前，内监谛视耳、目、口、鼻、发、肤、颈、肩、背，有一不合法相者去之。又使自诵籍、姓、年岁，听其声之稍雄、稍窳、稍浊、稍吃者皆去之，去者复二千。"次日，"内监各执量器，量女子之手足。量毕，复使周行数十步，以观其风度，去其腕稍短、趾稍巨者，举止稍轻躁者，去者复千人。其留者仅千人，皆招入宫。分遣宫娥之老者引至密室，探其乳，嗅其腋，扪其肌理，于是入选者仅三百人，皆得为宫人之长矣。在宫一月，熟察其性情言论而评汇其人之阴柔愚智贤否，于是入选者五十人，皆得为妃嫔矣。"五千人，最后才选上五十人，真可谓"百里挑一"。这种遴选制度一直沿袭到清朝末年。

清代皇帝的遴选制度不同于其他朝代，它创立了具有自己特点的遴选制度。如果按照爱新觉罗·溥杰的夫人嵯峨浩的《食在宫廷》中的说法，选秀女之事从顺治二年起"直到康熙帝之后，这种事一次也没有发生"。但事实并非如此。

顺治皇帝6岁登基，14岁举行大婚，23岁死去，在位17年。前七年由多尔衮摄政，那时顺治尚幼，自然不会有选秀女这事，多尔衮虽然专横，却从未选过秀女。顺治七年（1650年），多尔衮病死。次年顺治帝亲政，同年大婚，册立科尔沁蒙古旧礼克图亲王吴克善之女博尔济吉特氏为皇后。但顺治十年（1655年）八月，即以皇后乃"睿王于朕幼冲时，因亲订婚未经选择""与朕意志不协，宫闱参商"为由，下令将其降为静妃，移居偏殿。

顺治十年十月，皇帝下令"选立皇后，作范中官，敬稽典礼。应于在内满洲官民女子，在外蒙古贝勒以下，大臣以上女子中，敬慎选择。"这次选秀女，从上谕颁布后，直到第二年五月，才择定科尔沁蒙古镇公绰尔济之女，即废后静妃的侄女为皇后，并于同年六月举行了大婚。

尽管"选秀女"这一词并未在顺治的谕诏中出现，但为了遴选皇帝的配偶，而在满蒙官民女子中大规模阅选的做法，却与后来所谓的"选秀女"的制度是完全一致的，实为清帝首次选秀女之举。

当制度被定型以后,即每三年在固定的八旗内部选一次秀女。其目的正像清人吴振𬭚指出的"或备内廷主位,成为皇子皇孙栓婚,或为亲郡王及亲郡王之子指婚"。即是说,从八旗之中选出符合制度的秀女不仅是给皇帝做后妃用的,有的也可能是配给皇帝其他的宗亲用的。

清代选秀女有着非常严密的制度。秀女一般从满、蒙八旗中遴选。凡年龄在十三岁至十六岁,身体健康无残疾的旗籍女子,都必须参加阅选。秀女年满十三岁称"及岁",超过十六岁称"逾岁"。"逾岁"者一般不再参加挑选。凡应选的旗女,在未阅前便私自与他人结婚者,也将由该旗都统在查治罪。即使的确因残疾不堪不能参加选秀者,亦须各旗层层具结,呈报本旗都统,然后由都统咨行户部上奏皇帝,才能免选。乾隆六年时,两广总督玛尔泰的女儿恒志,年已过十七岁,但从未入选秀女,玛尔泰为此曾专摺奏请为女完婚,结果遭到皇帝的斥责。

如果被选中记名的秀女,在记名期内

▲ 清朝末年选秀图

（一般为五年）私相聘嫁，那么上至都统、副都统、参领、佐领，下至旗长及本人父母，都要受到一定的处分。如果选中留牌子的秀女久不复选，而记名期已过，那么，这样的女子只得终身不嫁了。

由户部主办选秀女这个活动。届时，由户部行文八旗各都统衙门、直隶各省驻防八旗及外任旗员，将适龄备选女子呈报备案。每届入选日期，均由户部奏准，然后通知各旗，具备清册，准备入选。

在阅选之日，秀女们均在神武门下车，按顺序排列，由太监领至顺贞门，让帝后们选看。选看地点历朝历代不尽相同。同治年间慈安和慈福两位皇太后曾在"静怡轩"选看秀女。而光绪皇帝的后妃则是在西宫体元殿选看的。

《养吉齐丛录》中对嘉庆、道光年间选秀女的情况有这样的记载：挑选八旗秀女时，每日选两旗，以人数多寡匀配，不序中分也。挑选前一日，该旗参领、领催等先排车，如挑正黄、镶黄两旗，则正黄之满、蒙、汉分三处，每一处按年岁册分先后排定，然后车始行。首先是正黄之满洲，继而蒙古、汉军。接着是镶黄之满、蒙、汉，贯鱼衔尾而进。车树双灯，各有标识。日夕发轫，夜分入后门至神武门外，侯门启，依次下车而入。其车即由神武门夹道出东华门，由崇文门大街直至北街市，还绕入后门而至神武门，计时已在次日巳午之间。选毕者，复依次登车而出，各归其家。虽千百辆车，而井然有序，俗谓之排车……应选女子入神武门至顺贞门外恭候，有户部司官在彼管理。至时太监按班引入，每班五人，立而不跪，当意者留名牌，谓之留牌子，定期复看，复看而不留者，谓之格牌子。其牌子书某官某人之女，某旗满洲人。入选秀女，凡获得皇帝封号者，至死不得出宫另嫁。被选定为皇后的秀女，还必须通过大婚礼，则大清门、午门入宫，至坤宁宫完婚。

 **知识链接**

皇后服饰大观园

皇后的朝服由朝冠、朝袍、朝褂、朝裙及朝珠等组成。朝冠，冬用薰貂，夏用青绒，上缀有红色帽纬。顶部分三层，叠三层金凤，金凤之间各贯东珠一只。帽纬上有金凤和宝珠。冠后饰金翟一只，翟尾垂五行珍珠，共三百二十颗，每行另饰青金石、东珠等宝石，末端还缀有珊瑚。朝袍以明黄色缎子制成，分冬夏两类，冬季另加貂缘。朝袍的基本款式是由披领、护肩与袍身组成。披领也绣龙纹。朝褂是穿在朝袍之外的服饰，其样式为对襟、无领、无袖，形似背心。上面也绣有龙云及八宝平水等纹样。

1. 宋代皇后礼服

戴龙凤珠翠冠、穿礼服。这种服饰是宋代皇后最贵重的服饰，平时很少穿着，只在受皇帝册封或祭祀典礼时服用。其制为深青色、五彩翟纹。领、袖、裾都有红色云龙纹样的镶缘。穿着这种服装，必须戴凤冠，内穿青纱中单，腰饰深青藏膝。另挂白玉双佩及玉绶环等饰物，下穿青袜青鞋。

2. 明代皇后服饰

凤冠是一种以金属丝网为胎、上缀点翠凤凰、并挂有珠宝流苏的礼冠，早在秦汉时期，就已成为太后、皇太后、皇后的规定服饰。明代凤冠有两种形式，一种是后妃所戴，冠上除缀有凤凰外，还有龙等装饰。另一种是普通命妇所戴的彩冠，上面不辍龙凤，仅缀珠翟、花钗，但习惯上也称为凤冠。

明代妇女的服装，主要有衫、袄、霞帔、背子、比甲及裙子等。衣服的基本样式，大多仿自唐宋，一般都为右衽，恢复了汉族的习俗。凡命妇所穿的服装，都有严格的规定，大体分礼服及常服。皇后常服为戴龙凤珠翠冠、穿红色大袖衣，衣上加霞帔，红罗长裙，红褙子，首服特髻上加龙凤饰，衣绣有织金龙凤纹。

3.清代皇后服饰

氅衣为清代的妇女服饰，氅衣与衬衣款式大同小异。衬衣为圆领、右衽、捻襟、直身、平袖、无开气的长衣。氅衣则左右开衩开至腋下，开衩的顶端必饰有云头，且氅衣的纹样也更加华丽，边饰的镶滚更为讲究。纹样品种繁多，并有各自的含义。大约在咸丰、同治期间，京城贵族妇女衣饰镶滚花边的道数越来越多，有"十八镶"之称。这种装饰风尚，一直到民国期间仍继续流行。

清代乾隆帝时皇后朝褂，样式为对襟、圆领、无袖、开气，通身绣金立龙纹，但纹样有几种不同样式，本图朝褂纹样为自上而下分四层以金锦沿边分隔，上层两肩前后各秀丽龙一条，2层、3层、4层前后各秀丽龙10条、12条、16条，总计78条，上层有珊瑚扣5粒。朝褂领后均垂有明黄色绦，绦上缀有珠宝。朝褂穿在朝袍外面。

皇后常服样式，与满族贵妇服饰基本相似，圆领、大襟，衣领、衣袖及衣襟边缘，都饰有宽花边，只是图案有所不同。服装纹样有凤穿牡丹：整件服装在鲜艳的蓝色缎地上，绣八只彩凤，彩凤中间，穿插数朵牡丹。牡丹的颜色处理得净穆而素雅，色彩变化惟妙，具有传统的山水画特点。与此相反，凤的颜色比较浓重，红绿对比度极为强烈，具有典型民族风格和时代特色。还有菊花及蝴蝶：整件服装为湖蓝色缎地，衣身绣各种姿态的蝴蝶，蝴蝶中间，穿插数朵菊花。袖口及衣襟也以菊花及蝴蝶为缘饰。

第二节　母仪天下的皇后

■ 帝后大婚仪式

在历朝历代中，皇帝大婚与册立皇后，均被纳入繁缛的宫廷礼仪中。须通过隆重、庄严、高贵的大婚仪式，为天下百姓树立夫妇的典范。按照我国传统的价值观念，皇帝的婚礼"将合二姓之好，上以事宗庙，下以继后世也，故君子重之。共牢而食，合卺而酳，所以合体。同尊卑而亲之，成男女之别，立夫妇之义，而后父子君臣。故曰婚礼者，礼之本也"。在古代浩繁的典制中，明确地规定了皇帝大婚应遵循的礼仪程序。皇帝婚礼作为国家盛典，被列在"五礼"（吉、嘉、军、宾、凶）中的嘉礼之首，与臣庶区别而称大婚。

帝后大婚，其隆重究竟达到什么程度呢？《同治大婚》诗曰：昭阳仪仗午门开，夹路宫灯对马排。队队宫监齐拍手，后边知是凤舆来。同治帝十七岁那年九月十二日娶户部尚书崇绮女为后，尽管天下水旱仍频，滇陕战火正旺，大婚时仍然大摆仪仗，仪仗队伍从午门一直摆到崇绮府门。十六人抬轿，一路鼓吹，道路两边数百盏宫灯几百匹对子马列队。前边由几百人的太监应着乐律，一齐拍手。

光绪大婚正逢正月二十六，一个月前天安门遭遇了一场火灾，来不及修复残垣断壁，总不能在废墟前举行大礼吧？当然啦，国人没有克服不了的真难题！内置芦席，外贴彩纸，遂呈焕然一新貌。名之曰"扎彩"。前一日，将凤辇请入乾清门，内放皇帝手书"福"字和玉如意。正日子黎明，起驾接皇后。经过同样富丽堂皇的天安门扎彩御道，在乾清宫落辇，婚房设在坤宁宫东阁。好在旗人都是大脚，一路走去就是。按风俗，唯大祭丧礼才用扎彩，所以识者以为不吉祥。

历来研究皇帝大婚礼仪者，都要追溯其礼仪渊源，但通常仅援引《仪礼·士婚礼》。《仪礼·士婚礼》记载自周代以来的婚礼主要经过纳采、问名、纳吉、纳征、请期、亲迎六个程序，即古称婚礼中的"六礼"。但这主要是对士人婚礼部分程序的总结，准确来说主要是婚前礼仪，而在《仪礼·士婚礼》中对婚后礼仪同样有记载，只是并未作具体归纳总结。从士人而上推到皇帝，不可只以"六礼"相比，皇帝大婚自然会比"六礼"复杂许多，比如各代皇帝大婚均要经册立礼，须确立皇后这一特殊的身份，这是其他各种官民不能有的礼仪；而皇帝贵为天子，大婚不亲迎，派使节前去迎娶称为奉迎，即奉命迎娶；宋代开始皇帝大婚把"请期"改为"告期",改变了主动与被动关系,即由男方的被动转为主动,女方由"受请"变为"被告知"。

皇帝大婚的使者必须是高官大僚。唐代由太尉和宗正任正、副使者,皇帝临轩命使的规模相当宏大。雅乐悬于殿庭,百官朝集,仪仗就位,皇帝驾临,典仪官指挥百官再拜。正、副使站在规定的地方。皇帝的近侍官侍中宣:纳某女为皇后,命公等持节行纳采等礼。

使者率随员受命前往女家,站在女家的大门外,女家的主人(未来的皇后)的父亲立在其家庙或正堂,使者在门外言:"某奉制纳采。"由宾者将此话传给女家主人,女家主人言:"蒙制访,臣某不敢辞。"宾者出来将话传给使者。于是,主人被引导出来迎接使者,使者与随员进入正堂前。按规定方位站好,使者又言:"有制。"即提示对方将要宣布皇帝制书了。主人拜。使者宣读制书,主人拜。使者从执雁的随员手中取过雁——这是第一份彩礼,授给主人。然后再交给主人一份答表案,主人须在其上写上对皇帝制书的答文。

接着便是问名。使者又立于门外,令宾者传话:"将加卜筮,奉制问名。"问名是询问女家的姓名、生辰。宾者传话后,主人按规定的句式回答。按如上方式,使者进入女家,与主人按规定方位站立,礼仪性地问答一番。随后盥水洗觯,双方以醴相递授,用脯醢行祭礼。礼毕,双方按规定站好,使者的随员又将一份重礼——币筐，授予主人。

使者回去后，负责占卜的官员对女方的姓名、生辰作出占卜，如结果为吉，那么数日以后，再行纳吉仪式，即告知女家吉祥。然后再行纳征礼，即正式向女家赠送聘礼。纳征之后，选定大婚的日期，使者再到女家行告期仪式。纳彩、问名、纳吉、纳征、告期都有一套大同小异的郑重而繁缛的仪式，每次使者都要宣读皇帝的制书，女家主人也要相应地送上答文。

接下来举行的就是立后仪式，前一日内廷设专人在女家门前和未来皇后阁外驻守。当日，正、副使者与内侍、宫廷礼仪官站立在女家门外，女家主人身穿朝服立于庭阶，使者命宾者传话："某奉制授皇后备物典册。"主人出迎于门外，再拜，使者不答拜，在谒者的引导下入门，后面有阍持节、持案者。主人与官员们按位次站定，持案者恭敬地将册宝奉授正副使者，使者将册宝传给内谒者监，内谒者监在皇后的阁外跪画册宝于案。女官尚宫等人进入阁中，帮助皇后着装饰首，傅母引导皇后出阁，尚宝引皇后立于庭中，面向北，尚宫跪取册，尚服用取宝绶，然后按规定方位站立。尚宫称："有制。"皇后在尚仪的赞导下再拜，尚宫宣读册文，皇帝的册封皇后文写道："维某年月日，皇帝使持节太尉封某、司徒封某，册命某官女某氏为皇后。咨尔易阶乾坤，诗首关雎，王化之本，实由内辅。是故英皇嫔虞，帝道以光；太任姒姬，周允克昌，皇后其祇曰助厥德，以肃承宗庙；虔恭中馈，敬尽于妇道；帅导于六宫，作范仪于四海。皇天无亲，惟德是依，可不慎欤。"

皇后再拜。尚宫、尚服奉册宝进授皇后，皇后郑重地接过册宝，表明她接受了皇后的地位，愿意入主后宫。皇后将册宝交给司言、司宝收掌，然后在尚仪的赞导下升座，坐北面南，皇后第一次以皇后的身份，接受内官们的稽拜。

大婚当日，皇帝身着衮冕，驾到正殿。侍卫环立，五品以上的文武官员分别立于东西朝堂。使者与诸女官前往女家奉迎皇后。在皇后家，使者宣读皇帝迎娶皇后的制书，皇后父亲礼仪性地将答表递予使者。使者宣布奉皇帝之命迎接皇后，司言将此话奏闻皇后，皇后再拜。皇后父亲按规定告诫女儿："戒之敬之，夙夜无违命。"然后，母亲同样按规定语言告诫女儿："戒之敬之，夙夜无违命。"此时，车辇进到皇后跟前，皇后登上车辇，车出大门，浩大的迎娶队伍喜庆而庄重地驶向皇宫，从皇宫正门将皇后送进洞房。

皇帝、皇后二人进入洞房后，在松软的喜床上相对面坐，通常是皇帝揖手，请皇后对坐。二人在女宫的引导下，先行祭祀礼，就是分别将韭菠、播醛、乖、稞、稻、粱放入应具的豆中，敬告神灵，让请神和列祖列宗为这乾坤合晋的美满婚姻祝福。祭礼结束后，司是恭敬地为皇帝、皇后捧上手巾，皇帝和皇后接过手巾，擦净双手。衣冠整肃的尚食进前跪伏，自己先尝进献的食物，表明食物没有毒,再将清美的乖、腆脊授给皇帝、皇后。皇帝、皇后象征性地吃一点,所谓食三饭。吃过饭后,精心挑选的两位年轻美丽的尚食女官奉上热水,盟手盟爵。尚食女官献上两份美酒,进授皇帝、皇后。皇帝、皇后一身盛装,行祭礼后,再郑重其事地行合香礼,表示合二姓之好,上事宗庙,下继后世,天地和合,四海同春。礼仪性的各种仪式到此算是告一段落。合普礼之后,侍者们撤去丰盛的佳撰,皇帝、皇后在衣饰鲜艳的尚宫女官引领下,去掉庄重华贵的衣服,皇帝到东房由近侍为其一一脱下冕服,换上喜庆的常服;皇后进入内卧,由女官伺候,退去冕服,换上鲜明华丽的服饰。皇帝进入洞房,由女官引进卧内。近侍女官为皇帝、皇后脱去衣服,天地共春晖,帝后正式结成夫妇。

此后数日,皇后要朝见皇太后,接受群臣及命妇的恭贺,入庙行礼。

然而,可笑的是大婚前要对新郎进行性操作培训。这一历史重任要由年纪稍大的八名宫女来承担。她们由有男女交合经验的坤宁宫东暖阁女官领衔任业务指导。大约一个月内,每日每夜陪宿,训练皇帝性活动操作,直到形成技巧。这叫作"铺床"。

中国历代深宫中的大婚仪式虽有简有繁,但差不多内容都是大同小异,地址、陈设、布局也大致相同。明清时期是中国历代宫廷中礼仪最为完备、仪式最为铺张、生活最为奢华的强盛帝国时代,洞房的奢侈铺张和富丽堂皇也达到了鼎盛。可以说,在中国历代的宫廷婚姻生活中，婚礼俗在明清时最为典型，反映了一种特殊氛围中的宫廷文化，是一个民族的观念、礼俗在婚姻生活方面的体现和反映。

■ 皇后的责任

皇后是母仪天下的国母，因而每个皇帝在即位之后都会册立自己的皇后，成年皇帝的皇后人选主要来源有三：

一、皇帝继位前册立的嫡福晋或继嫡福晋。如太宗孝端文皇后、世宗孝敬宪皇后、高宗孝贤纯皇后、仁宗孝淑睿皇后、宣宗孝慎成皇后、文宗孝贞显皇后。

二、由皇太后或顾命大臣为皇帝选后，这种皇后的选择依据一般都是服从政治的需要。如世祖孝惠章皇后、圣祖孝诚仁皇后、穆宗孝哲义皇后、德宗孝定景皇后。

三、嫡皇后去世后，皇帝册立宫中位分较高或得到皇帝信任的妃子为皇后。如圣祖孝昭仁皇后、孝懿仁皇后、高宗那拉皇后、仁宗孝和睿皇后、宣宗孝全成皇后。

皇帝为立基业，赢民心，成就千秋功业而须担负朝政上的万象气候。而皇后往往是历史与权势兴衰的象征，坐稳宝座的皇后无一不是通晓知书达理，贤知人情冷暖。她们要么忍受世态炎凉，韬光养晦，有所作为；要么唯唯诺诺，战战兢兢，如履薄冰，如临深渊，稍有不慎，便会被打入冷宫。她们接受历史的遴选，秉承权势的曲张，并且还要力争皇帝的恩宠，斡旋于妃嫔之间的斗争。皇帝失意之时她们须承担最大的痛苦，皇帝风光之时却不见得与她们分享，至皇帝仙逝后她们还被委以平衡权势斗争、辅佐少年天子之重责。身份的特殊往往令她们受尊而失宠。悲壮艰难的身世令她们心力交瘁。时事的危缓，历史的兴衰，却往往应她们之身而体验。

皇帝们也不乏温柔多情，实与皇后伉俪情深，但越是雄才大略、英睿圣明之君主，其道路却愈见坎坷。他们的皇后便愈是殚精竭虑、苦难丛生。若非皇子中途夭折，便是皇后薄命早亡，由此便愈苦皇帝之心智，增益其所不能。

清代的皇后有一个特点，就是以外家定皇后，不以皇后显外家。雍正认为，立后是"风化之基，必资内辅人伦之本，首重坤仪。此天地之定位，帝王之常经也"。乾隆认为，立后是"宫廷为基化之原，人伦攸始"。由此观之，皇后事关"风化""人伦""天地""帝王"。一旦皇后得不到民众的承认，那么民众对皇帝也不会信任。因此皇后对皇帝的作用是不可估量的。

在形式上，皇后是全体女性的领导者，接受上流社会的贵妇对她定期的教解。皇后及其权力，有一定母权的象征意义。每当君权势微时，她们常常出来恢复女人对男人的统治。皇后篡权和垂帘听政便是这种形态最明显的表现。

皇后的实权主要体现在内宫中，总管所有的嫔妃宫女。君主每次按规定征选宫女时，人选最后都要由皇后过目决定。

皇后有母仪天下的责任，起着对政治的辅助作用。这种政治辅助，并非要求她们参加具体政治事务的处理，而是以贤内助的身份对国家政治做出不失分寸的帮助。

皇后的德操不仅仅关系到后妃的形象，而且是她们的责任之一。其作用除了引导其他妇女的精神面貌外，还显示着宫廷的圣洁，由此可以增强臣民对君主的向心力。

调解各方面的关系是皇后的责任。君主作为万民之首，他们理政的态度及方式影响到各方面关系是否和谐，进而关系到国家政治生活是否正常。皇后往往以特殊使官的身份，对君主进言，指出他们的得失，以调节君臣关系、君民关系。

俗话说："一个成功的男人背后，会有一个伟大的女性。"作为皇后，还有一个很重要的职责，即常对君主进忠言，进直言，进善言，进真言，进那些大臣难进、旁人难进之言。后妃有个有利条件，宠后爱妃更有条件，即吹枕边风，借助夫妻感情使君主听进一些在政治场合中不能听进的话。

对于"吹枕边风"，人们常以贬义来解释它，殊不知，一个懂得为国家为人民服务而吹的枕边风比大臣的奏章、宰相的建议的有效程度是有过之而无不及，对改善君主的性情，影响君主的行为，有着不可磨灭的功劳。

■ **悲惨的归宿**

皇后是女中之王，集美丽、温柔、端庄、贤惠、智慧、威严……这一切美好的品质于一身。因此，皇后曾使许多人倾慕、拜倒。然而，谁又知道皇后的生活可曾快乐惬意呢？谁又知道皇后有怎样的苦恼呢？至于皇后那难言的痛楚和辛酸恐怕就更鲜为人知。还有那些皇宫里的妃子们，常被描画为美丽妖娆，光彩照人，锦衣玉食，轻歌曼舞的样子，在一般人心目中，她们就如明月星光一样令人心迷神往。但是谁又知道在宫墙之内她们到底怎样生活？谁又知道她们的生死悲苦？

很多人知道，历史上的皇后要比皇帝多，一些皇帝在位期间可能封过几位皇后。出现这种情况的原因，一个是皇后早逝，皇帝另立新后；另一个就是原来的皇后被废，改立新后。

一些不幸的皇后，从皇后的位置上被迫怆然离去。贵为皇后，一旦被废，其地位还不如宫女。废了的皇后，或被幽禁，或迁往别宫，修行佛道，或赐令自尽。

元祐七年（公元1092年），宋哲宗册立眉州防御使暨马军都虞侯孟元之孙女孟氏为后。孟氏端庄有礼，宣仁太后高氏和皇太后向氏皆对儿媳非常满意。哲宗皇帝虽不大宠爱孟氏，但对她仍礼遇有加。不久，孟皇后诞下女儿，封为福庆公主。

当然，哲宗另有所宠是天下皆知的事实，那就是明艳照人的刘氏。刘氏自御侍、美人再进为婕妤只是短短几年间的事情。无论哲宗是在后宫留宿还是出宫祭祀，都会让刘氏随侍左右。由于刘氏的得宠，许多趋炎附势的大臣都纷纷靠拢，使刘氏恃宠而骄，密谋将皇后孟氏取而代之。

有一次，孟皇后率六宫妃嫔朝见向太后，众妃嫔都对皇后恭敬有礼，只有刘婕妤恃宠对皇后傲慢不敬，眼见皇后的朱髹金饰的座椅与一般妃嫔的不同，便明摆着一副极不满的表情。她的侍从郝随十分了解她，于是立刻给她换来与皇后一样的朱髹金饰座椅，令在场的嫔妃愤愤不平。忽然传来一声："太后驾到。"后妃们都站立迎接，可是久久还不见太后驾临，于是又都坐下来。就在这时"扑通"一声，只见刘婕妤一股脑儿坐在地上，原来有人不满刘婕妤所为，于是故意误传太后驾临，然后趁机取走刘婕妤的椅子。看见刘婕妤的窘态，众嫔妃都止不住笑意。刘婕妤受到如此对待，气得连太后也不愿见了，直接找哲宗哭诉去了。随侍郝随只好安慰她说："只要娘娘为皇上生个儿子，皇后的位子自然会是娘娘的。"

刘婕妤虽依仗哲宗宠爱处处针对孟皇后，可是孟皇后深得太后欢心，要使哲宗决心废后并不容易。于是她伺机而动，准备以谗言击倒孟皇后。

又一次，福庆公主突然染病，孟皇后的姐姐懂得医术，听说消息后，特地入宫医治小公主。因药物无效，孟皇后的姐姐便将民间道家治病的符水带来给公主治病。宫中最为忌讳符水一类的物事，孟皇后一见，大惊失色，连忙禁止说："姐姐莫非不知宫中禁令，与外间不同吗？倘被奸人借端拨弄，这祸事就不小了！"赶紧将符封存了起来。等宋哲宗到来时，孟皇后才将符取出，如实说明了事情的原委。宋哲宗倒也没有怪罪，只言："这是人之常情。"

此事过后不久，宫中有谣言流传，说孟皇后与娘家人勾结在一起，在宫中大搞符咒厌魅。孟皇后日夜难安。她的养母燕氏、女尼法端、供奉官王坚出于好意，便为孟皇后和夭折不久的福庆公主祈福，不料刚好落人口实。宋哲宗听说后也开始怀疑起来，诏令内侍押班梁从政等人在皇城司审理此案。在宰相章惇和刘婕妤的支持下，皇城司逮捕了孟皇后左右侍女宦官三十多人。这些人都被拷打，直至体无完肤。在酷刑威逼下，孟皇后的"罪行"被供认了出来。

孟皇后既然"有罪"，就难以再母仪天下。但宋哲宗顾念发妻之情，一时下不了废后的决心。此时，有人以邪说孟皇后不废，皇帝将有生命之忧。于是，宋哲宗以孟皇后"旁惑邪言，阴挟媚道"为由，下诏废去孟氏皇后位，孟氏出局瑶华宫，号"华阳教主""玉清静妙仙师"，法名"冲真"。此时，孟氏还不到二十岁。

事后不久，宋哲宗也逐渐醒悟孟皇后"符咒厌魅"一事。正因为宋哲宗对废后一事颇为后悔，所以孟皇后被废后，刘婕妤只是被晋封贤妃。刘氏为此十分着急，派宦官郝随动员宰相章惇，内外一起相求，但宋哲宗仍然没有立后的意思。

刘氏费尽心机最终登上后位，岂料立后不久，已立为越王的儿子病逝。然后哲宗驾崩，因无子而以弟端王赵佶入继大统，是为徽宗。刘皇后称元符皇后，被废的孟皇后因获垂帘听政的向太后之眷遇而得以复立为元祐皇后，更位居刘后之上。只是后来向太后病逝，徽宗重用的奸臣蔡京等人勾结刘皇后，致使孟皇后再度被废，加赐"希微""元通""知和""妙静仙师"，重居瑶华宫。刘皇后被尊为皇太后，因而得意一时。她既获尊崇，便乘机干预朝政，使徽宗愈加不满，于是密谋废掉刘太后。刘太后的侍从见她地位动摇，都纷纷把矛头直指向她，对她百般辱骂。刘太后受不了这样的折磨，于政和三年（1112年）自缢身亡，享年不过35岁。

孟皇后自再次废居瑶华宫后，过着深居简出的日子。瑶华宫失火，她迁往延宁宫；后来延宁宫亦遭火灾。靖康二年（1127年），金人破汴京，徽、钦二宗被掳北上，只有被废的孟皇后幸免于难。后来金人所立的傀儡皇帝张邦昌因势孤力弱而迎归孟皇后，复元祐皇后名号，并且垂帘听政。孟皇后建议立逃难在外的康王赵构为帝，因此在该年五月初一，赵构于南京（今河南商丘）即位，是为高宗，改元建炎，孟皇后同时在汴京撤帘，以示归政高宗，高宗随后立孟皇后为元祐太后。后来孟皇后随高宗南迁，最后定居临安，于绍兴四年（1135年）病逝，终年59岁，祔于哲宗之室，居元符皇后刘氏之上。

获得一时之宠，不代表一生的幸福，宋哲宗赵煦的两位皇后孟氏与刘氏可以说是最好的例证了。

有很多皇后之所以被废就是因为失宠。无论哪一位大权在握的皇帝，都不可能将其宠信的皇后废掉，否则便不可思议。只有被曹操挟持的汉献帝，被迫废掉了伏皇后。原因是伏皇后曾写密信与父亲，令其秘密设法除掉曹操。事情泄露后，曹操大怒，逼汉献帝废后，还代写废后的策书，称伏皇后"阴怀妒害，包藏祸心，弗可以承天命、奉祖宗"。

尽管历史上有一些皇后不是因失宠被废，但并不能否定失宠与被废之间有着因果关系。皇后由失宠而产生怨恨，心怀怨恨的皇后更容易与皇帝发生冲突，触怒皇帝。从皇帝的角度说，皇后失宠就失去了其自身的价值，不再能引起皇帝的兴趣和尊重，等同在皇帝心目中失去了分量。如果再不能生子，在母以子贵的宫廷中就更不可能得到皇帝的重视了。

胡皇后——明史上第一个被废除的皇后，一个命运悲惨的女人，当时孙贵妃得宠，皇后膝下无子，体弱多病，所以就更不得皇帝的欢心。明宣宗的爱妃孙氏的宫中传出了喜讯后，宣宗动了想废后的主意，可是又不想做得太招摇，于是对胡皇后说："你自己请辞，把后位让出来吧……"，胡皇后无奈上表逊位，于是，嫡妻皇后胡氏成了"恭让"。之后，胡氏退居长安宫，赐号静慈仙师。但胡氏被废后，日子却并不难过，毕竟她是永乐皇帝妻子选的皇太孙妃。而且，于后宫颇有贤名，并无过失。更重要的是，皇太后对她宠爱有加，内廷朝宴，甚至命废后坐在新后的前面。在皇太后的保护下，胡皇后一直生活得体面且有尊严，虽然宣宗在晚年也对自己的废后之举有过悔意，但没有儿子的废后，始终不能再与名下已有一子的新皇后争什么。正统七年十月，太皇太后驾崩，丈夫已经去世八年了，在婆婆的保护下栖身多年的胡皇后，痛哭不已，逾年亦驾崩，用嫔御礼葬金山。

明英宗天顺六年，孙太后驾崩，钱皇后对英宗说，胡皇后贤德而没有罪过，被废为仙师，而且去世以后，大家都害怕孙太后的权势，所以入殓和葬礼的规格都不符合礼法，因此劝明英宗恢复胡皇后的名号，英宗询问大学士李贤，李贤说，陛下能有这样的想法，天地鬼神都会感动的。应该按照皇后的制度修建陵寝，享殿，牌位神主应该供奉在大殿里边，这样天下都会说陛下贤明遵守孝道。天顺七年七月，上尊谥曰恭让诚顺康穆静慈章皇后，修陵寝，不祔庙。

为什么英宗的钱皇后要替胡皇后说话，很明显，皇太子朱见深是周贵妃所生的，这种情形跟当年胡皇后没有儿子、孙贵妃有儿子的情形极其相似。正是因为这样的情况，使得钱皇后在心理上深深地同情胡皇后吧。后话，钱皇后很幸运，并没有因无子而被废，而且和英宗一起，安葬在裕陵。

或许，胡皇后是一个生性平和的女子，久居深闺，性情平和，所以不得宣宗皇帝的宠爱。在寒风萧瑟的时候，如果有机会去看看北京西山那埋葬着胡皇后荒芜的古冢，凝视着封土上那些飘曳枯黄的野草，那凋零的枯叶，回想到她一生的悲剧，或许这时我们才能真正体会其中的辛酸吧！

当然，皇帝是不能拿失宠作为废后的根据，这在封建礼法上讲不通。皇帝要想废掉皇后，就必须找出皇后违反宫禁和重大的失德行为。各朝被废的皇后，多以巫蛊案牵连被废。巫蛊是一种秘术，用神秘而近似荒诞的办法，陈述自己的愿望，诅咒所嫉恨的人。对于一位失宠又无子的皇后，若想保住皇后的地位，夺回皇帝所转移的宠爱，别无妙法，或者是想尽了所有办法均属无效。最后，皇后寄希望于巫蛊秘术，求助于冥冥之中的神灵。然而，宫中是严禁各种邪术活动的，巫蛊案被视为诅咒皇帝的大逆不道的罪行。如果皇后从事巫蛊活动或被诬陷为从事巫蛊活动，一旦定案，便足以构成废后的依据。大部分失宠的皇后，都走了这一条自投罗网的道路。当然，也包括那些被设计被陷害的皇后。如西汉武帝陈皇后，因巫蛊案发被废。武帝的第二任皇后卫子夫，本是陈皇后的诅咒对象，在皇后位上居几十年，也色衰爱弛，最后因牵连太子的巫蛊冤狱，被废，同时自杀。

我们不可否认，被宠与失宠之间，有着天壤之别。一切人的命运都是以皇帝的意志为转移的，尤其是宫中女性，全部的希望都寄托在皇帝的宠遇上。一旦失去宠遇，则别无所有，性命也将难保。《后汉书》："物之兴衰，情之起伏，理有固然矣。而崇替去来之甚者，必唯宠惑乎？当其在床笫、承恩色，虽险情赘行，莫不德焉。及至移意爱，析嬚私，虽惠心妍状，愈献丑焉。爱升，则天下不足容其高；欢坠，则九服无所逃其命。"虽然皇后是皇帝的正妻，但无固宠之法。废后的悲剧命运在历朝中重复上演着。

第二章
超级皇后：女皇与准女皇

沉沉凤冠压群芳，历史上的皇后多如牛毛，但佼佼者不过尔尔。本章为读者们介绍的是中国历史上的三位皇后，她们并不是后宫唯唯诺诺的弱女子，只会粉黛示风华。她们坐拥政权，用自己的才略与谋略号令天下，其政绩并不输给那些当政的男人们。

第一节　吕雉：中国第一位皇后

■ 终成人中龙凤

历史上的吕雉是一位很成功的女政治家，但至今人们提起她的名字，最先想到的是她的狠毒和权变。然而早年的吕雉并非如此，还称得上贤惠的女人，早年吕雉聪颖、温存、善良，她为了刘邦历尽艰辛，可谓九死一生。

她嫁给刘邦的时候，刘邦只是沛县的一个泗水亭长。吕雉的父亲吕文和家乡的人结下冤仇，便举家迁至沛县，因为沛县当时的县令和他是好朋友。在刚刚到沛县的时候，很多人便听说了他和县令的关系，于是，人们便纷纷上门拜访，拉拉关系，套套近乎。

刘邦性格豪爽，不太喜欢读书，但为人宽厚。他也不喜欢下地劳动，因此常被父亲骂作"无赖"，说他不如自己的哥哥会经营，但刘邦依然我行我素。一次，他看到始皇帝出巡的仪式，便不自觉地说："大丈夫生当如是。"后来刘邦做了泗水的亭长，是为政治生涯的伊始，时间长了，和县里的官吏们混得很熟，在当地也小有名气。吕文过生日，刘邦前去祝寿，当时的刘邦没有什么钱，但他的胆子很大，居然虚报一笔礼品就堂而皇之入席。当时主持接待客人的是在沛县担任县主簿的萧何，他宣布了一条规定：凡是贺礼钱不到一千钱的人，一律在堂下就坐，贺礼钱一千钱以上的人，才能登堂入坐。刘邦虽然没有带一个钱去，但他却对萧何说："我出贺钱一万！"吕文知道真相后，本是带些怒气出来想把他赶走的，但一见却大为吃惊，因为吕文精于相人之术，刘邦隆准龙颜，有天日之表，气宇轩昂，与众不同，他一眼就看出来此人日后富贵非常，遂请刘邦入上席就坐。这次刘邦不但白吃一顿，酒足饭饱之后，吕文又盛情将他留下，并不顾妻子的反对，即刻要把爱女嫁给一个小小泗水亭长刘邦。刘邦因为被父亲训斥为"无赖"名声不好迟迟娶不到妻子，所以这门亲事他求之不得，在征得父母同意之后，便和吕氏完婚了。

吕雉自幼丧母，加上后母生性懦弱，父亲吕文又因为避祸而举家搬迁至沛县，却因为县令的关系而大受尊敬，这给年幼的吕雉以极大的影响。使她开始寻求权力的保护，这也许就是吕雉后来专权的最初的原因。

吕雉也从小就养成了独立、专断、强干的个性，她心高气傲，主持佃务，管理家务，立志做女中丈夫，坚信男人能做的事女人也一样能做，尽管县令为其子多次求亲，吕文也碍于面子不好拒绝，但因为县令的公子是个循规蹈距的人，没有什么大的出息。

故吕雉始终不愿意而迟迟未嫁,这次秉父命嫁于刘邦,虽然多少也带点不愿意,因为刘邦毕竟不是像项羽那样的大英雄,却也是不得以为之,刘邦的与众不同和父亲的相面之举,使吕雉相信刘邦日后真的会前途无量,成就大业。而这样婚姻注定与爱情无关。

一转眼几年过去了,吕雉由一位娇小姐变成一个农妇,一年四季下地耕作,操持家务,并先后替刘邦生下了一儿一女。儿子便是后来的汉惠帝刘盈,女儿为后来的鲁元公主。刘邦时常因为公务以及与朋友们周旋,三天两头不见人影。这时的吕雉和平凡的农妇没有什么两样。织布耕田,烧饭洗衣,孝顺父母及养育儿女的责任,都一骨脑儿地落在吕雉一个人身上。

早年的刘邦时常戴一顶自制的竹帽到处闲逛,骗吃骗喝。在一次押解囚犯的过程中,因自己酒醉而使囚犯逃跑,自己也只好亡命在芒荡山下的沼泽地区。这时贤惠的吕后除独立支撑家庭重担外,还不时长途跋涉,任其艰险,无怨无悔地为被迫流亡在外的丈夫送去衣物及食品。据说刘邦匿居的地方,时常有一片云气笼罩,吕后追踪而至,便一定能够找到刘邦。这时支撑吕雉的一定就是她对刘邦日后定能飞煌腾达的信念,和心目中的那个不灭的出人头地,成就大业的梦想。

秦朝末年,天下大乱,刘邦率众进入沛县,并被拥立为沛公,吕后当时也水涨船高,被尊称为吕夫人,等到刘邦攻入咸阳,又因实力不如项羽而不得不将关中之地及关中王的头衔拱手相让之后，刘邦被西楚霸王项羽立为汉王，吕雉又晋级成了汉王妃。但吕后并没有因此过上舒适的日子，在接下来刘邦和项羽打得天昏地暗的楚汉战争中，吕后成了项羽的俘虏，甚至在项羽把吕后押到两军阵前，以烹杀吕后威胁刘邦时，刘邦居然笑嘻嘻地说，你爱杀就杀，悉听尊便。我想当时的吕后一定是心寒如冰，透骨冰凉，没有爱情的婚姻再一次伤害了吕雉。也许这才是成大事者不拘小节，不计个人得失的品质。但正是这一次又一次的伤害把一个早年聪颖、温存、善良的吕雉一步一步地变成了后来大家所熟知的那个吕后。所以我们看待一个历史人物要客观地分析她的成长过程，做出公正的评判。

在四年的楚汉之争中，吕后一直被囚在楚军之中作为人质，受尽了折磨，使其心理和精神受到了严重打击，使她变得心地狭隘，紧张恐怖，阴狠毒辣。

楚汉罢兵言和后，以鸿沟为界分拥天下，项羽才将吕后归还刘邦，对吕后来讲，真是恍如隔世。这时回到刘邦身边的吕后已不是我们先前所知道的吕雉了。后来刘邦毁约，重挑衅端，最终在垓下之战中打败项羽，建立大汉王朝，为了区分于后来刘秀建立的东汉王朝，人们习惯上将刘邦建立的汉朝称为西汉王朝。刘邦当上皇帝，吕后就顺理成章地当上了皇后。

吕雉历尽苦难，终成人中龙凤。从开始的听凭父命到后来通过自身的努力而一步一步稳居皇后宝位，这并没有结束，还有更残酷的斗争在后面等着她。

■ 楚军大营中的思考

楚汉之争同样是两个女人（吕雉和虞姬）波澜壮阔的命运风暴。虞姬见到过吕雉吗？当然见过，吕雉曾经作为刘邦的人质被扣押在楚营多年，而虞姬是西楚霸王项羽的妻子，两个闻名遐迩的女人同在一个楚军大营。她们大约也都会想看看这个敌人的妻子究竟是什么样的一个人。但是见面之后她们却真的实实在在地后悔了。

虞姬见到吕雉之后，她们之间会说些什么呢？虞姬嘲笑吕雉："尽管你看起来是刘邦的妻子，其实你们不过是有夫妻之名而无夫妻之实，就算你贵为王后又有什么意思？刘邦不爱你，他爱的是他自己；他一直溃不成军，败而逃亡，逃亡之时根本不会想起你。霸王为了我可以做到一切，他爱的是我，就算是行军打仗也会因为想我而回来，只为看我一眼。"为了展示爱情的力量，虞姬让项羽放弃追杀刘邦即刻回营，只是因为"深为思念"，而霸王项羽真的就收兵回营了。面对这样的虞姬，吕雉尖锐指出：你毁了霸王，项羽最大的敌人根本不是刘邦而是你虞姬。事实正是如此，因为项羽放弃追杀刘邦而又再次失去了杀死刘邦的机会，终于造成了后来垓下之围的大败，而刘邦在吕雉的劝说下没有因妇人之仁而放弃杀死项羽，一路追杀逼迫得项羽自刎乌江。终成帝业。

但是，在当时互相辩论的过程中，两人竟然都被对方的言语打动了，两人也都陷入深深的矛盾中——她们这时最大的病痛不是要不到某一种东西，而是要得不彻底。

项羽"学万人敌，统天下之兵"为的是成为像秦始皇那样的伟大人物，成就自己的一番霸业。而虞姬要的只是一个爱她的男人，她不在乎男人的功名利禄。项羽在两难之中首先选择了虞姬，选择了爱情，却无时不在忍受理想未能成功的痛苦。他以为自己力敌天下，美人与江山可两者兼得。这时虞姬恰恰成了项羽事业上的绊脚石；她得到项羽的同时，天下人失去了西楚霸王。西楚霸王项羽得到虞姬的同时，也失去了天下。

当吕雉让虞姬明白项羽希望成就大业而她正是项羽成功的绊脚石的时候，两个女人都陷入了深深的思考，于是这两个女人都做出了惊人的、也是"越位"的决定：虞姬为了项羽的帝业，决心让吕雉取代自己的位置，辅佐项羽，成就项羽这个西楚霸王的雄心大业。而吕雉对项羽也动了真情，这是个真正的英雄。英雄爱美人，美人当然也爱英雄，她跪在项羽脚下，倾诉她一厢情愿的爱慕。项羽这个"不爱江山爱美人"、视忠贞的爱情为生命的爱情完美形象，当看到吕雉在他脚下倾诉时，项羽——这个心目中只有阳光没有阴谋的大男人、大英雄给她的却是无情斥责。

吕雉曾看着项羽为了虞姬火烧阿房宫，内心也同时升起了另一道火焰——这个男人是专情的。一个男人为了一个女人而不惜珍宝，不惜这举世瞩目的集全天下人智慧结晶的阿房宫，这是何等的力量，这是爱情的力量，这是专情的火焰。在这方面刘邦是绝对满足不了吕雉要求的。而项羽和虞姬也在火烧阿房宫一事上，完完全全成就了两人的爱情，这英雄美人看来将永远也不会分开了。当楚军回师彭城，吕雉虽为人质，却决意要破坏项羽和虞姬二人，立志绝对不会放过虞姬。得不到的就要他毁灭，对于吕雉来讲这是嫉妒，而对于项羽和虞姬来讲这是灾难。在十面埋伏和四面楚歌后，楚军阵容已经大大受挫，最后霸王项羽带领最后的二十八骑和美人虞姬逃至东城，要再突围而出已经十分渺茫了，对项羽一直痴心一片的虞姬，为避免因为自己而牵累项羽和不多的残兵部将，竟上演了"霸王别姬"的壮烈悲歌，在项羽醉问"虞兮虞兮奈若何"之后，虞姬已经明白到了牺牲自己成全眼前这个男人的时候了，而这时一切又都太晚了。在四面楚歌的项营之中，虞姬为项羽跳了绝命之舞，更吟唱了绝命之歌：汉兵已略地，四面楚歌声，大王意气尽，贱妾聊何生。甘愿一死而令项羽能得振作，绝代佳人，终在自己最爱的男人怀抱中死去。

当虞姬见到吕雉时，她们分别为自己的选择而痛苦。相对于虞姬对项羽那种小儿女的情意，吕雉对霸王有着更加深沉、更加有质量的爱情。而这也许是她本人也不知道的。当然，故事的结尾，在四面楚歌的垓下，虞姬照样在霸王面前舞剑自刎，那种与绝境中相约而死的艳美而纯粹的爱情行为不同，虞姬在这里死时更怀着内心的悔恨和矛盾。项羽在败逃之前放而不杀吕雉，对吕雉来说是又一次的心灵震撼。

■ 权利的欲望

刘邦之所以能坐拥天下，其妻子吕雉的一推动力却是不容忽视的。吕雉年轻时已极具志气，早年的她一人操持家务，主理佃事，她心高气傲，更觉得男人可做的事，女人同样可行，及至后来刘邦攻入咸阳。大伙热热闹闹地进入咸阳宫殿，在众人离去后，吕雉也忍不住坐在龙位之上，在刹那间可能便形成了吕雉掌权的野心，也种下了她以后篡夺大汉朝政的根苗。

汉高祖刘邦长年在外征战，身边自然不乏红粉佳人，戚姬、薄姬、曹姬等多位妃子更是在旁边形影不离。一个人既然贵为天子，富有四海，多几个女子在身边侍候似乎也是理所当然的事，吕后也明白这个道理。一个得不到男人全部的女人自然就会想要得到别的东西来补偿，对于吕后来讲权力就是她最想得到的。皇宫本来就是权力争夺的战场，其残酷的斗争一点不亚于刀剑相交的战场，且吕后本身就是一个权力欲十分强烈的女人，一旦发生实质性的利害冲突，甚至影响到未来的安全问题时，吕后便会感到如坐针毡，日夜不安。薄姬、曹姬等多位妃子只以美色争宠，所以生命无虞，最大的问题出在戚姬身上，戚姬身材修长，气质高华，在定陶与刘邦相遇，便十分得宠。且这位戚姬也不是什么省油的灯，他一心想让自己的儿子赵王如意继承王位。如意言谈举止都有刘邦的风范，刘邦对他十分钟爱，加上戚姬的枕边进言且吕后儿子刘盈的怯懦不讨刘邦喜欢，刘邦大有废掉刘盈的太子头衔，另立刘如意来继承自己皇位的可能。这时戚姬不光是吕稚的情敌，更是她的政敌，是她后半生所有幸福的绊脚石，甚至可以说性命攸关了。她必须反击，但也只能小心翼翼。

自汉代定邦以来，刘邦千方百计地想要德高望重的"商山四皓"（"商山四皓"就是商山之中的四位隐士，即东园公，绮里季，夏黄公，周里。这四位饱学之士先后为避秦乱而结茅山林）来为治理国家出谋划策，但"商山四皓"听说刘邦不太重视儒生，也就是对文人不太尊敬的意思。而文人多为有气节之士，有士可杀不可辱的气节，他们需要受到尊敬、尊重。

为了巩固儿子的太子地位，吕后求计于张良，想通过张良"穿针引线"请来"商山四皓"，如此这样，刘邦都没有请动的"商山四皓"被太子刘盈和吕后的诚心感动，答应出山，作太子的宾客。刘盈谦让有礼，尊师重道，又是将来皇位的继承人，正是"商山四皓"借以施展才华，展现抱负的最佳人选。经过这四位长者的谆谆教导，刘盈的修养和见识大有长进。也正是在这四位长者的教导及影响下，大汉天子尊崇母孝的风气开始盛行。这也为吕后执掌政权奠定了基础，导致汉初的几位皇帝倍受母后干政的苦恼，直到汉武帝时被迫立下了"杀母立子"的残酷的立储制度。

一天，宫中大摆筵席，四位须发皆白的长者，肃立在太子刘盈身后，等到汉高祖得知他们就是"商山四皓"时，便知道太子已不可废。他知道连自己都请不动的"商山四皓"都已成为太子的宾客，看来太子羽翼已成。得人心者得天下也。当刘邦回到后宫把这一消息告诉戚姬时，戚姬立即泪流满面，她知道成为一国之母的希望是破灭了。

吕雉是我国历史上女人专政的第一人。在吕雉之前也出现过多次女人乱政，但多以色貌为资本，且多图一时欢娱，没有形成大气候。只有吕雉是凭借自己的政治手腕获取了权力。这次吕后在张良的帮助下，取得意外的胜利，连雄才大略的刘邦也一筹莫展。巩固了太子的地位，吕后接着就是要树立自己的威望，吕后在树立威望中做得最出名的一件事就是用计谋杀了韩信，把自己的威望建立在韩信的人头上，使群臣慑服。

汉初三杰之一，运筹帷幄决胜千里之外的张良，在汉朝建立后就过上半隐居生活，在政治上没有野心，在军事上没有兵权，已不构成威胁。抚百姓，种稼稻，致使国富民强的萧何不是那种争天下的人，而且在政权建立后是急需的发展生产的人才。只有领兵多多益善，善于攻城夺隘，出奇制胜的韩信，在刘邦最困难的时候以挟迫手段取得齐王之位，且现在手握重兵，功高盖主，始终是刘邦最放心不下的。

汉高祖刘邦登基之后，一帮与他一同打天下的功臣，由行军打仗的军营来到这庄严肃穆的朝堂之上，却仍然举止粗鲁，言语粗俗，不顾礼法，甚至醉后拔剑起舞，砍去殿柱，闹得不成体统。直到经过叔孙通订定朝仪，朝廷之上才算有了规矩，据说汉高祖刘邦当时由衷地说道：今天才知道当皇帝的滋味。但这一班自持功高盖世的将帅仍时有不臣之心，汉高祖不得不厉行打击。首当其冲的便是令刘邦深感不安的韩信，位于山东、河南的齐国是韩信建功立业之地，也正是在一天打下了齐国七十二座城池之后，韩信逼迫刘邦封他为齐王，之后才出兵救助刘邦的，这成为刘邦内心最大的不快。刘邦首先把韩信由齐王改封为楚王，调到了对韩信敌意很大的项羽老家，不久又由楚王贬为淮阴侯，然后又用陈平的计谋捉住韩信，废为平民。但汉高祖刘邦一直没有杀韩信，因为高祖曾与韩信有不杀之约：见天不杀，见地不杀，见铁器不杀。吕后就偏偏把刘邦都"不杀"的韩信，用布兜起来，用竹签刺死，杀他时上不见天，下不见地，又没有用铁器。既没有让刘邦违背"不杀之约"，失信于天下，又去掉了刘邦的心头之患。这明明是迎合刘邦的心意，却又让吕后承担这千古恶名。后世在评价这一事件时对吕后多有指责，对刘邦却少有非议。《史记》中记载刘邦听到韩信被吕后杀死后的心情是"且喜且哀之"，这话道出了多少背后的故事，自己不忍杀戮功臣，而自己的妻子却刚毅果敢地了解自己心中的疙瘩。

吕后此招确实起到了杀一儆百的作用，朝中大臣看到她连韩信这样的大功臣都敢杀，都不免对她畏惧几分。

韩信被杀，引起了许多武将的不安。有的辞官不做，或隐居山林，或回归故里。大多是自削兵权，以求自保，当然也有的作生死一搏，举兵造反。

淮南王黥布反叛的消息传到长安时，汉高祖正在病中，原本是要派遣太子刘盈率兵讨伐，却硬是被吕后一把鼻涕、一把眼泪地逼上了战场，说什么"黥布是天下猛将，很不容易对付，太子去岂不是羊入虎口！而诸将又多是太子的叔伯辈，只怕难以心甘情愿地俯首听命。"刘邦听了这话只好自己带病出征。虽然很快就平定了叛乱，但也不幸身中流矢，伤口溃烂，拖了三个月后而驾崩，只活了63岁。

高祖一死，吕后凶相毕露，最初企图秘不发丧，佯称高祖重病，借臣属问病之机，将遗臣杀尽。后因灌婴、周勃等将领重兵在外，未敢轻举妄动，不得不变换手法，以太后名义取得汉室天下实权，随即逐个废黜刘氏诸王，加罪于高祖遗臣。起用自家兄侄，欲将汉室江山变为吕氏家天下。

刘邦死前特地杀白马为盟，遍告天下，非刘氏不能封王。看来刘邦对吕后也有所防备。太子刘盈（汉惠帝）即位，还只有17岁，他天性仁慈柔弱，一切权柄都操纵在吕后手中，开始了她为所欲为的专制统治。

吕后早就恨透了戚姬与赵王如意，于是一幕惊心动魄的血案迅速在宫中展开，她首先幽禁了戚姬，然后再遣戚姬的儿子赵王如意从封地邯郸宣召进京，纵然刘盈不念这个与之争夺皇位的异母弟弟，并以皇帝之尊极力袒护这个弟弟，结果如意仍是被吕后毒杀致死。对于眼中钉、肉中刺的戚姬，吕后砍掉她的手足，挖眼烧耳，灌上哑药，丢进厕所里，让她辗转哀号，称为"人彘"，其状惨不忍睹。吕后还特地要她的儿子刘盈去看，小皇帝得知"人彘"就是戚姬时，大惊失色，泪流满面，喃喃说道："太残忍啦！这哪里是人做的事，太后如此，我还凭什么治理天下！"他受不住这般惊吓，从此大病数年，天天借酒浇愁，不理朝政。

　　吕后一方面用狠毒的手段对付刘氏子孙，另一方面使吕氏昆仲位居要津，还拉拢皇亲国戚，梦想进一步篡夺刘氏天下。为了将天下牢牢地握在自己的手中，吕后将自己的外孙女张嫣强嫁给儿子皇帝刘盈为后，亲舅舅与亲外甥女结成了一对怪异的夫妻。公元前188年，尸位素餐的刘盈，病病歪歪地当了七年傀儡皇帝便抑郁而终。吕后又先后立了两个少帝，先是后宫美人所生的儿子刘恭继位为少帝，冒称是刘盈之子，四年后，因少帝口无遮拦，言语间触犯了吕后，眼看这秘密就要泄露，少帝刘恭被秘密杀死于后宫。吕后又立恒山王刘义为帝，自己临朝称制。她排斥老臣，任用亲信，分封娘家诸吕为王，违背了刘邦与众大臣公立的"非刘氏不王"的约定，开始了自己的专制。

　　直至病重，吕后仍不肯放弃权柄。但此时刘家子孙和一帮元老重臣已容不得她放肆，朱虚侯刘章和周勃、陈平等先发制人，发动兵变。这是吕后不曾料到的结果，她的兄弟吕禄、侄子吕产等人虽手握重兵，却都不堪一击，兵败如山倒，最后吕后在惊吓中死去。

公元前180年，吕后病逝于未央宫，终年62岁。她死后，吕姓诸王相继谋反，被周勃、陈平一一剿灭，杀吕氏宗室三千余人，消灭了吕氏之祸。

■ 历史的毁誉参半

吕后是个刚毅阴狠的角色，以其玄奇的智谋、过人的胆识和高超的组织管理手段，在反秦建汉的斗争之中，充分展示了她杰出的女政治家才能，在艰苦的战争岁月里，她刚正不阿，巧妙周旋，不畏强权，辅佐刘邦，最终取得楚汉战争的胜利，为建立汉王朝立下了不朽功勋。高祖死后，她独掌政15年，在历史上占有重要的地位。虽然满手血腥，但是她也有不少为人称道的政绩。

先是辅助高祖画谋定策，争夺天下，后来又施仁政减轻百姓负担，倡社会风气，废除许多繁苛的法令，尤以废除"三族罪"和"妖言令"为百姓所称道。所谓"三族罪"就是一人犯罪其父族、母族、妻族三族的所有族人同罪受罚，也就是株连三族的意思，后世的帝王中也有施行株连九族的。"妖言令"其实就是限制言论自由。废除"三族罪"和"妖言令"在封建帝制时期其实就是开放了民主政治的先河,虽然其开放的民主只是有限的民主,但在当时的中国,乃至全世界都是有进步意义的。《史记》和《汉书》中都称赞她:"高后女主,制政不出闺阁,而天下晏然,刑法罕用,罪人是希,民务稼穑,衣食滋殖。"对于广大的老百姓来讲,这是自春秋战乱以来少有的和平时期,百姓生活相对安定,衣食水平得到提高,民主政治得到发展,国家的实力得到提升。为以后抵御外敌,抗击匈奴打下了国力基础。

吕后当政内,创自刘邦的休养生息的黄老政治进一步得到推行。刘邦临终前,吕后问刘邦身后的安排。她问萧何相国后谁可继任,刘邦嘱曹参可继任;曹参后有王陵、陈平,但不能独任;周勃忠诚老实,文化不高,刘家天下如有危机,安刘氏天下的必是周勃,可任太尉。吕后虽实际掌握朝政大权,但她是遵守刘邦临终前遗嘱所作的重要人士安排的,相继重用萧何、曹参、王陵、陈平、周勃等开国功臣。而这些大臣们都以无为而治,从民之欲,从不劳民。在经济上,实行轻赋税。对工商实行自由政策。在吕后统治时期,不论政治、法制、经济和思想文化各个领域,全面为"文景之治"奠定了坚实的基础。

吕后有政治家的风度,匈奴冒顿单于乘刘邦之死,下书羞辱吕后,说:"你死了丈夫,我死了妻子,两主不乐,无以自虞,愿以所有,易其所无。"吕后采纳季布的主张,压住怒火,平心静气复书说:"我已年老弃衰,发齿也堕落了,步行也不方便。"

然后赠予车马，婉言谢绝，终于化干戈为玉帛，匈奴单于冒顿自愧失礼，遣使向汉认错。

吕后是让丞相萧何将韩信骗入殿中，再加

▲ 刘邦与吕雉像

以杀害的。刘邦死前，曾留下"白马盟言"，就是非刘家人不得封侯。但是对吕后不起作用。刘邦死后，她照样干政，培植自己的势力。为了巩固自己的权利，她甚至逼自己的儿子刘盈娶姐姐鲁元公主的女儿张嫣为皇后，外甥女嫁舅舅，实是一桩政治婚姻的惨剧。

吕后晚年因没有子孙，担心高祖的子孙欺凌吕氏后人，故大封外戚诸吕为侯。吕后死后，她的侄子吕产和吕台，没有保住吕家的权势。终于被支持刘汉的周勃和陈平推翻了。吕家至此灰飞烟灭。

吕后的嫉妒心太重，私心太重，手段过于残酷，竟然想以吕氏来代替刘氏千辛万苦得来的江山，终至败亡，吕后死后，薄姬的儿子代王刘恒被迎立为帝，即汉文帝，从此历史上有了"文景之治"的盛世。

我国的史学家对历史的评价历来都逃不出儒家思想的条条框框，两千年来，儒家思想成为评价历史功过的一把铁尺。我们有幸生活在思想活跃的年代，使我们对历史能从一个新的角度去分析、探讨。评论历史人物的时候，我们有时不因循古老的看法，从此历史人物对当时和以后的影响来评论，所谓"民为天，社稷次之、君为轻"。只要当权者爱护百姓，把当时的国家治理得好，哪怕她是女性。人民生活得好才是最重要的，个人恩怨都是次要的。只是因为他们处在君王的位置之上，个人的喜怒哀乐才凸显出来，当然作用与影响也就越大，受到的关注与议论也就越多。

第二节　武则天：千古一女皇

■ 命运的转机

武则天的一生扮演了四个不同的角色：唐太宗李世民所宠幸的才人、唐高宗李治的皇后、大周帝国的皇帝、则天大圣皇后。后世对于武则天的赞扬与批评一直也没有定论，而她作为中国历史上唯一的一个女皇帝，其所建立的功业却应该说是彪炳千古的。

武则天生于唐高祖武德七年（624年）。父亲武士彟在隋炀帝时期因为做木材生意，顺应了隋炀帝大兴土木的形势，结果发家致富。武士彟不仅善于经商，而且善于交结，弄到一个鹰扬府队正的军职。隋世祖大业十一年（615年），李渊任山西河东慰抚大使，讨捕反隋武装，在路过汾、晋一带时，住在武士彟的家里，武士彟倾心侍奉，遂为深交。两年以后，李渊做了太原留守，便用武士彟为行军司铠。李渊起兵以后，武士彟跟随左右，以功拜光禄大夫，封太原郡公，成为十四名太原元从功臣之一。唐高祖武德三年（620年），武士彟的原配夫人相里氏去世，李渊亲自为其作媒，续娶了曾任隋朝宰相的杨达的女儿。当时，杨氏已经年逾四十。成为武士彟的继室以后，杨氏生了三个女儿，次女便是武则天。

出身的问题被认为是武则天倔强、争强性格的来源之一，因为在当时的舆论中对于他父亲这样的人还是歧视的，从魏晋以来注重门第等级的风气还没有完全改变过来。所以，骆宾王在《讨武氏檄》中说武媚娘"地实寒微"。武则天小时侯也会多少受到这种歧视的影响。后世对于武则天的肯定方面，就包括了她对于出身贫寒官员的提拔、重用，逐渐打破了门第的影响。

武则天12岁那年，其父武士彟去世，杨氏与三个女儿处境颇为艰难。武士彟前妻留下的两个儿子武元庆、武元爽以及他们的堂兄弟武惟良、武怀运对待杨氏母女相当刻薄，及至武则天得势将他们处死。

唐太宗贞观十年（628年），长孙皇后病逝。次年，唐太宗听说武则天美貌出众，将其召入宫中，立为才人。李世民在位时，内职之设仍循旧制：皇后之下，有贵妃、淑妃、德妃、贤妃各一人，为夫人，正一品；有昭仪、昭容、昭媛、修仪、修容、修媛、充仪、充容、充媛各一人，为九嫔，正二品；其下有婕妤九人，美人九人，才人九人，宝林二十七人，御女二十七人，采女二十七人。其中才人位列六等。这时的武则天只有十四岁。

进宫后，唐太宗赐给她"武媚"的称号，所以人们都叫她媚娘。由于她性格倔强，不善于施展女性的温柔手段，所以不受太宗的宠爱。这使得武则天进宫十二年也没有为太宗育一男半女，并且依然位居才人。

李世民晚年多病，作为太子的李治时常要到父皇榻前尽孝心，于是他不可避免地认识了负责皇帝休息的才人武则天，武则天便和李治产生了感情。

太子李治是长孙皇后的第三个嫡子，生性优柔寡断。最初他并不是最佳的太子人选，他的两个哥哥太子承乾和魏王李泰夺位，最终两败俱伤，使得他渔人得利，做了太子。

贞观二十二年（640年），唐太宗去世，太子李治即位，是为高宗。按惯例，武则天与其他没有生育的嫔妃一起，都应被送至感业寺落发为尼。

武则天并不是一个受制于命运的女人，她虽然没有继承母族的大家风范，却不乏父族的进取精神。事实上，她并未在感业寺终其一生。李治是一个很重感情的人，他怜惜武则天，对旧情念念不忘，武则天紧紧地抓住这个机会，但在当时的情况下，这位缺乏决断的君主未必敢采取行动将武则天接回宫中。事有凑巧，此时，李治的后宫之中，皇后王氏与淑妃萧氏正争宠吃醋，双方各不相让，武则天的命运才真正有了转机。

■ 迎来"二圣临朝"

适值当年，王皇后正面临着前所未有的威胁，淑妃萧氏颇承恩宠，王氏被冷落，心中渐生不平，二人之间遂生嫌隙，矛盾冲突愈演愈烈。正在后妃相争之际，李治去感业寺探望武则天的消息传到王皇后的耳中。王皇后并不是一个善于计谋的人，但情急生智，想出一个主意。王皇后劝李治把武则天接回宫中，企图借武氏之力，遏制萧淑妃的势头。这一建议，正中了李治的下怀。于是，李治命宫人迎武则天再次入宫。

此次入宫，武则天已经28岁了，一般来说，这个年龄的女子已是半老徐娘了，比不上十几岁女子的娇艳，但武则天的心计不是一般人所能比的。她的美貌也许确实出众，还有高宗对她的感情做基础，久别重逢，更能抓住高宗的心。

王皇后没有想到自己在引狼入室。入宫后，武则天很感激王皇后的照顾，她对王皇后非常尊敬，侍奉得也很周到，这使得高宗也很高兴。皇帝和皇后都高兴了，武则天的嫔妃地位也就升到了昭仪，这是正二品的级别。超过了其他八个嫔妃，是九嫔之首，在她的上面，只有皇后和四妃了。

武则天进宫之后，前后为高宗育有四男二女，而高宗共有十二个子女。可见武则天的受宠程度是其他嫔妃无法相比的，这连主张让他进宫的王皇后也没有料到，结果自己也吃了大亏。

武则天的性格决定了她不甘居人之下，她的目标是皇后。待她地位稳固后，她便开始一步步策划了。她在后宫里想方设法地笼络太监、宫女，特别是和对手关系不好的人，她总要设法接近拉拢，给予一些小恩小惠，让她们注意监视皇后和淑妃的行动。武则天首先联合王皇后打击萧淑妃，等高宗把萧淑妃废成庶人后，武则天便开始对皇后下了手。

武则天生下的第二胎是个公主，非常可爱，王皇后也很喜欢，经常前去看望，等高宗快来的时候便知趣地走开了。武则天为了皇后之位，利用这样的机会对自己的亲生女儿下了毒手。

一天，在王皇后看过小公主后，公主就离奇暴毙，所有的证据都直指向王皇后，最后李治以"请道士作法诅咒武媚"的罪名，将王皇后贬为庶人，并加囚禁，她们的父母、兄弟等也被削爵免官，流放岭南。七天后，唐高宗再次下诏，将武则天立为皇后。与此同时，又将极力反对她做皇后的宰相褚遂良贬至潭州（今湖南长沙）任都督。武则天在牺牲一个女儿后，成功地登上了皇后的宝座。武则天对王皇后、萧淑妃也没有放过，后来将二人各责打了一百杖，然后残忍地砍去双脚，泡在酒瓮里活活折磨死，其报复心和残忍性可见一斑。成为皇后的武则天自然不会甘于静居后宫，她要对那些阻碍自己向权力靠近的人施以报复，先要清除仍有威胁的长孙无忌。她指使许敬宗等人，捏造罪名制造朋党案，然后将长孙无忌牵连进去，把他流放外地，后来许敬宗又逼长孙无忌自尽。长孙无忌集团其他的人也被清除，或杀或流放。武则天终于将最大的对手解决了。

长孙无忌死后，武则天对朝中官员来了场"大换血"，将于志宁、韩瑗、来济等人削职免官，贬出京师。至此，反对武则天的大臣皆被贬或被杀；然后将自己人安插进来，由此一来，武则天在朝中的实力大增。

高宗因为不满意武则天的专断，就和宰相上官仪商量废掉武则天的皇后之位，上官仪答应起草诏书。武则天的耳目得知后赶忙报告，武则天赶到后，软硬兼施，说得高宗变了主意，还把责任全推到了上官仪的身上，可怜的上官仪糊里糊涂做了昏庸皇帝的替罪羊。武则天于是让许敬宗捏造上官仪和已经被废的太子李忠图谋反叛，将上官仪父子处死。高宗的软弱性也是武则天一步步登上女皇宝座的客观原因。

此后，李治再也没有动过废后的念头，反而把自己的权力都交给了武则天。武则天真正掌握了全部大权，李治每次上朝理事时，龙座后都加上了一道帘子，武则天隐身其后，仿照隋文帝上朝独孤皇后旁边坐的前例，甚至更进一步，从殿后走到殿前去了。在皇帝活着的时候，皇后就参与朝政之事历史上曾经发生过，而公然走上朝堂，则是从武则天开始。帝后共同临朝听政，这旷古未有的场面轰动了天下，从此，"二圣临朝"的时代开始。

杀子专权

作为一位母亲，武则天的心比一般的人要狠多了，为了自己的权势和皇位，都不肯放过自己的亲生儿子。第一个有机会继承皇位的是长子李弘，在公元656年，太子李忠被废黜，武则天的长子李弘被立为皇太子。

李弘为人宽厚仁德，谦虚谨慎。对士大夫更是以礼相待，高宗和众大臣对他都很满意，在参与朝政的过程中显示出政治才干。随着身体的每况愈下，高宗便想把帝位传给李弘。

但武则天却不愿意让儿子来夺走自己早已习惯的政治权力。况且，随着年龄的增长，李弘与武则天的政治分歧愈来愈大。刚开始，武则天希望通过警示让儿子李弘知难而退。可惜她错了，李弘毕竟是她的儿子，身体里流淌着与武则天一样好斗的血液。李弘上疏要求为萧淑妃的女儿义阳、宣城两位公主挑选驸马，这两位公主都因为萧淑妃的缘故，年过二十还待嫁闺中。李弘的上疏让人会想起当年的宫廷血案，武则天失德的话题再次成为朝堂之上关注的焦点，可是话头偏偏是由自己的儿子而起。武则天终于被彻底激怒了，在权力和亲情之间狠心地选择了前者，在公元675年，武则天用毒药将年仅24岁的儿子李弘毒害。

李弘死后，由于高宗精神受到刺激，加上原来的头疼病，身体状况不允许他再操劳国务了，就想把皇位让给武则天。但由于朝中大臣们的极力反对，武则天没能如愿，但这对于武则天却是个极大的刺激与鼓励。

哥哥李弘死后一个月，次子李贤被立为太子，他跟哥哥李弘一样聪明，在高宗让他处理政务过程中也显示出过人的能力，加上宰相们的辅佐，武则天随即又感到了李贤对她的强大威胁。所以，武则天指使人诬告太子贪恋女色，想早日夺取皇位，公元680年，李贤被武则天从太子的宝座上拖了下去，贬为庶人。后来又被迫迁至巴州。从此这个儿子就从武则天的生命中消失了，李贤再也没能回到长安，多年后客死他乡。

在李贤被废掉太子的第二天，三儿子李显被立为太子。公元683年，高宗病死，立下遗嘱让太子即位，但国家大事还要听从武则天的意见。这成了武则天日后专权乃至成为女皇的很重要的一个原因。

李显即位后就是唐中宗，他尊母亲武则天为皇太后，李显生性懦弱，所以他的即位在开始的时候才被母亲所接受。

中宗即位后，根本没有把母亲放在眼里，低估了武则天的力量。他想让岳父韦玄贞做宰相，但是父亲高宗临死时任命的宰相裴炎不同意，中宗便不可一世地说："我就是把天下都给了他，又能怎么样？"裴炎便报告了武则天，武则天立刻召集大臣们到了乾元殿，将中宗废为庐陵王，幽禁在深宫之中。幽禁中宗后，武则天把最后一个儿子李旦推上了皇位，这就是唐朝的睿宗。

尽管武则天让小儿子继承了皇位，但却没有让他处理朝政，一切大事都仍由自己来决定，逐渐地，武则天就产生了做女皇的想法。为此，武则天积极地为自己创造当皇帝的条件，首先将东都洛阳改为神都，准备将来做都城用。她还把唐朝文武百官的名称进行了变动：尚书省改成文昌台，左右仆射改为左、右丞相，门下省改为鸾台，侍中改为纳言，中书省改为凤阁，这明显地是体现了女性特征，所以原来的宰相名称"同中书门下平章事"也改成了"同凤阁鸾台三品"。同时大赦天下，下《求贤制》，太后自称"朕"词标文苑科考生在对策答卷里称她为"圣母皇帝陛下"。

李氏皇族的反抗一直都未停止过，688年，唐太宗之子豫州刺史越王李贞及李贞之子博州刺史琅邪王李冲起兵反对武氏政权，武则天以李元嘉、李灵夔等一批李唐诸王，与越王李贞父子通谋之原因，全部将其杀掉。

690年，罗织唐高宗李治之子隋州刺史泽王李上金、舒州刺史许王李素节谋反罪名。武则天震怒，急召李素节和泽王李上金入京面圣。连京城都未入，李素节就被武则天派人在龙门驿用带子勒死，并杀其九子。泽王李上金与许王一同被征召入朝，听见四弟被杀，惶恐之下，也自缢而死，他七个儿子也被武后于流放途中弄死。所有这些龙子龙孙，皆是高宗皇帝的直系骨血。至此唐高宗李治的八个儿子，有五个被武则天杀死，当然其中也包括她的两个亲生儿子。八月,又杀南安王李颖等李唐宗室十二人。"唐之宗室于是殆尽矣,其幼弱存者亦流岭南,又诛其亲党数百家。"大杀李唐宗室和不附己的文武大臣,从此,再没有人反对武氏政权。

■ 女皇登基

公元690年的重阳节,年近古稀之年的武则天改元天授,正式建立了大周王朝,自称"圣神皇帝"。至此,她的皇帝梦终于实现了。同时,将睿宗李旦降为皇嗣,皇太子李成器也降为皇太孙。武则天尊周文王姬发为始祖文皇帝,尊父亲为孝明高皇帝,侄子武承嗣等人也有封赏,真可谓"武氏的天下"。

武则天称帝后,非常重视人才的选拔和使用。她认为"九域之广。岂一人之强化,必仵才能,共成羽翼"。凡能"安邦国,定边疆"的人才,她不计门第,不拘资格,一律量才使用。为了广揽人才,她发展和完善了隋以来的科举制度,放手招贤,允许自举为官、试官,并设立员外官。此外,她还首创了殿试和武举制度,为更多更广地发现人才、搜罗人才创造了有利的条件。比如,中唐名将郭子仪,就是"自武举异等出"。这样,在她施政的年代里,始终有一批"文似仁杰""武类休武"的能臣干将为其效命,有力地维护着武周的政权。

武则天也非常重视农业生产。"建国之本,必在务农""务农则田垦，田垦则粟多，粟多则人富"。她规定，能使"田畴垦辟，家有余粮"的地方官升任；"为政苛滥，户口流移"的"轻者贬官，甚至非时解替"。这样，在她执政的年代里，农业和手工业都得到较好的发展。人口不断增加。

在抗击外来入侵、保护边境安宁、改善相邻各国的关系方面，武则天施政时期也作了很多努力。对吐蕃贵族的入侵和骚扰，武则天给予坚决的抵御和反击。692年她派大将王孝杰击败吐蕃，收复安西四镇，复置安西都护府于龟兹。之后，又在庭州设置北庭都护府，巩固西北边防，打通了一度中断的通向中亚地区的"丝绸之路"。在她施政的年代里，坚持边军屯田的政策。天授年间，娄师德检校丰州都督"屯田积谷数百万，兵以饶给"。701年，郭元振任凉州都督，坚持屯田五年，"军粮可支数十年"。武则天的这种大范围的长期屯田，对边区开发、减轻人民转输之劳，以及巩固边防都有着积极的作用。

为了巩固自己的权位，排除异己，武则天采纳侍御史鱼承晔儿子鱼保家的建议，在朝堂上设铜匦，接受全国的告密信。铜匦共有四个，分别涂上了青、丹、白、黑四种颜色，分列于朝堂之上。其中的青匦叫作"招恩"，放在东面，丹匦称"招谏"，放在南面，白匦放在西边，叫"神匦"，黑匦放在北边，叫"通玄"。然后派专人负责受理全国的告密文书。

对于进京告密的人，沿途各地州县必须给予照顾，按照五品官待遇接待。对于告密的人，不分等级，一律接见，如果属实还给予奖励，即使不真实也不加追究。通过这个途径，武则天得到了一批酷吏，其中就有周兴、来俊臣。后来中宗处理这些酷吏时列举了二十七名。酷吏们为了打击李氏皇族，发明了多种酷刑。武则天利用他们，但并不完全信任他们，也没有重用。等他们的替罪羊的使命完成了，武则天便利用民愤，将他们先后处死。

酷吏政治前后共有十多年的时间，利用酷吏将反对他的李姓宗室和原来的贵族势力基本扫荡干净。这个过程中，武则天还得到了庶族出身官员的支持。所以，武则天虽然有时表现得很残忍，但她并不是疯狂地屠杀、毫无节制。总之，酷吏政治只是武则天的政治手段之一。

通过酷吏政治，武则天巩固了自己的政权，但在皇位继承问题上，她又遇到了难题。建立周王朝之后，她让侄子们做了宰相和将军，掌握朝政大权，大臣有了功劳也赐给武氏家族。她还免了武姓的田赋，将自己的故乡文水县更名为武兴县。从以上种种来看，武则天是想把皇位传给武姓的侄子，这也展开了二姓争权的局面。

■ 魂断上阳宫

公元693年，万象神宫里举行了祭典大礼，武则天这次出乎意料地让侄子武承嗣为亚献，武三思为终献，而正式的皇储李旦却被冷落到了一边。武则天的行动无疑是对侄子们的公开鼓励。但是，武则天的意愿遭到了宰相狄仁杰等人的强烈反对，这让武则天矛盾至极。如果把侄子立为皇储，虽然可以保住大周政权，但后来的继位者可能不会把她供奉到祖庙里去，因为她是武氏家族出嫁的女子，这在封建社会等于算是外人了。如果立自己的儿子做皇储，将来继承皇位，她可以顺理成章地保住皇后的正统地位，和丈夫高宗一起享受儿孙们世代的供奉。但是，这样的局面又回到她千辛万苦已经打破的旧传统中去了。

武则天的心结最终还是被聪明的狄仁杰给解开了。这天，已经74岁高龄的武则天对狄仁杰说："朕昨天晚上做了一个奇怪的梦，梦见一只大鹦鹉的两个翅膀折断了。爱卿看是什么征兆啊？"狄仁杰抓住这个绝佳的时机对武则天说："陛下姓武，那鹦鹉便是陛下了。两个翅膀就是陛下的两个儿子，如果陛下再次起用两位爱子，两个翅膀就会重新好起来的。"

同时，宰相吉顼也对武则天当时的男宠张易之和张昌宗兄弟俩说："你们俩因为受皇帝的宠爱，蔑视群臣，被众大

▲ 武则天像

臣们嫉恨，如果要保住性命，现在只有为立储君出力，日后还能够将功赎罪。你们要利用自己能接近皇帝的有利条件，劝说她立庐陵王李显为太子。"张氏兄弟听了吉顼的话，对武则天立李显为太子起了关键作用。

公元698年，武则天将李显秘密接回洛阳，当时的太子李旦聪明地请求退出，让母亲立哥哥为太子。这让武承嗣极为气恼，因为他的继承权完全被剥夺了。不久武承嗣便气闷而死。为了避免在自己死后侄子和儿子们相互残杀，武则天还处心积虑地把太子李显、相王李旦、太平公主和武姓的侄子们召集到了明堂，然后祭告天地，立下了铁券，把铁券收藏在史馆，以为佐证。自此到武则天去世，终于有了一段较长的安定的日子。

武则天的晚年岁月得益于张氏兄弟的悉心照料，因此武则天对张氏兄弟恩宠有加。张氏兄弟即张易之和张昌宗，都是中山安国即现在的河北安国人，祖上曾在贞观末年做过宰相，也是名门出身。

公元704年年末，武则天病于卧榻之上，几个月不曾召见宰相，只有张氏兄弟侍奉其左右，拨弄朝政大事，这使得大臣们六神无主。宰相张柬之经过周密部署，于705年的正月里发动兵变，将张氏兄弟杀害，迫使病中的武则天让位，由中宗复位，重建唐朝。正月二十五这天，武则天不情愿地离开了她做了十五年女皇的宫殿，搬到了洛阳宫城西南的上阳宫。但没有了帝位的武则天心情很坏，精神的支柱没有了，本来就年老的身体很快垮了下来，在705年的十一月初二，82岁的武则天死于上阳宫的仙居殿。临终时她异常清醒，立下了遗嘱，包括去掉帝号，称则天大圣皇后，与高宗合葬于乾陵。只许为她立碑，不许立传，这就是武则天无字碑的来历。还有赦免了王皇后、萧淑妃以及褚遂良等人的家属，其他被酷吏迫害的人早在她被迫下台前已经赦免。

　　武则天死后，她的谥号变更过几次，但儿孙们的尊敬态度没有变。睿宗第二次即位后，改称为"天后"，后来又先后改为"大圣天后"，尊为"天后皇帝"，改为"圣后"。唐玄宗即位后，改为"则天皇后"。到了749年，将武则天的谥号定为"则天顺圣皇后"。

第三节　慈禧：晚清最高权力统治者

■ 辛酉政变初垂帘

奇女子热面善结人缘一手遮天，风风雨雨控驭中国多至半个世纪；妖妇人冷手暗含杀机三次垂帘，忽忽喇喇奴役臣民将近四亿人口。

这副对联是一代女皇慈禧太后的人生的真实写照。慈禧太后，即孝钦显皇后，又称"西太后"，满族叶赫那拉氏。清文宗咸丰死后与东太后慈安并称两宫皇太后。

叶赫那拉家世代出美女，和爱新觉罗家也是世代血统之亲。清太祖努尔哈赤、太宗皇太极都是叶赫那拉氏所生。努尔哈赤的皇后孝慈高皇后也就是皇太极的母亲是叶赫贝勒吉努之女，乾隆的顺妃也是出至叶赫那拉氏。但让叶赫那拉家族真正门庭显赫名扬天下的却是慈禧皇太后。

道光十五年（1835年），慈禧出生于满洲镶蓝旗的一个官宦世家，乳名兰儿。父亲惠征是一个八品文官在吏部任笔帖式。兰儿从小就聪慧伶俐，特别是具有普通孩子难得的谋略和远见，在兰儿14岁的那一年，她家里出了一件大事：兰儿的曾祖父吉郎阿在担任户部员外郎时负责中央金库。但就在他卸任十几年后，朝庭查到了库银亏空几十万两，道光异常气愤，下旨不管是谁不管什么时期凡是在银库的工作人员都要一查到底。但经过反复的调查最后竟查不出个结果，后来道光又下令从亏损的那一年一直到现在所有工作人员平摊这些亏空的银两，已经去世的由他的儿子孙子偿还。这样就把兰儿的祖父给抓了起来。事情一出家里立时乱了，年少的兰儿此时却表现得非常镇静，她劝自己的父亲惠征将家里仅有的一点银两拿出来交了出去，又让父亲带着她去亲戚和朋友家借了一些银两。但她没有让父亲将这些银两全部交上去，而是用这些钱去上下通融。因为兰儿的祖父景瑞曾任刑部员外郎，认识很多的政府官员，她的父亲时任安徽的后补道台也有很多朋友关系，正是在年少的兰儿的指点下，惠征打通了上下关系很快将父亲营救了出来。兰儿也因此受到了当时她所接触的那些满族贵族特别是她的父母的偏爱。由此可见，她具有一般女子所没有的远见、胆识、机智、谋略和手腕。

在那些满族贵族的偏爱下，1851年16岁的兰儿以秀女身份被选入宫，是为懿贵人，因得咸丰皇帝宠幸，1854年进封懿嫔。1856年生子载淳。次年进位为懿贵妃。

当时的清廷内有"南长毛、北捻子"之忧，外有列强重起战端之患。最高官员为此产生了严重分歧，从而导致了其政治势力的重新分解组合，因为太平天国农民起义猛烈发展，咸丰皇帝把决策权由"军机处"转移到几位御前大臣手中。其核心人物为怡亲王载垣、郑亲王端华、户部尚书肃顺。端肃集团对内主张坚决镇压农民起义。为此他们一方面力除积弊，但对汉人又心存疑虑。他们是排外的，这样就使列强的政治经济触角向中国更广更深地方伸展时受到阻碍。恭亲王奕䜣曾是王位的有力竞争者，根基是地主阶级与列强的支持。而奕䜣为改变受制于人的局面，在清政府签订了《北京条约》后，曾请咸丰回朝，想借洋人之力钳制咸丰，但未能成功。

1861年8月，咸丰帝病死于热河。遗诏上立长子载淳继承皇位，任命怡亲王载垣、郑亲王端华、户部尚书肃顺等八人为"赞襄政务王大臣"辅政。同时授予皇后钮祜禄氏"御赏"印章，授予皇子载淳"同道堂"印章（由生母慈禧掌管）。顾命大臣拟旨后要盖"御赏"和"同道堂"印章。慈禧取得代子钤印权力后，便理所当然地成为皇权的代表，因而干预朝政也就成为顺理成章的事。

咸丰之死使本已复杂的权力之争变得更加复杂。权欲极强的那拉氏对八大臣大权独揽政权极为不满，决意要从他们手中分权。她与恭亲王奕䜣合流秘密发动"辛酉政变"。这次政变因载淳登基后拟定年号为祺祥，故称"祺祥政变"。又因政变发生在北京，而称为"北京政变"。结果年轻的帝后势力战胜了老迈的宗室顾命大臣，慈禧开始垂帘听政。

辛酉政变体现了两宫皇太后和恭亲王的聪明才智，是君权与相权的一次大的冲突。否定了"赞襄政务"大臣，由两宫太后垂帘听政是一次重大的改制。辛酉政变后，恭亲王为议政王，这是当年睿亲王多尔衮辅政的再现。但有一点不同，既由帝胤贵族担任议政王、军机大臣，又由两宫太后垂帘听政。皇权便出现了二元化：议政王总揽朝政，皇太后总裁懿定。这个体制最大的特征是皇太后与恭亲王联合主政，后来逐渐演变为慈禧独揽朝政的局面。辛酉政变的意义不仅在于它完成了清政府最高权力由"顾命八大臣"到慈禧太后的权力转移，更重要的还在于它改变了清廷的内外政策，将其政权从濒于灭亡的境地挽救出来，对晚清政治具有深远的影响。

慈禧太后垂帘听政一言九鼎，她的性格、心态以及见识对这场改革运动的进程和结局关系重大。这位宫廷头号女人不能不使出浑身解数，以撑持风雨飘摇的满清帝国。

通过政变登上政治舞台的慈禧太后，为摆脱危机而施行了新的内外政策：对外：执行议和外交，以取得"中外相安"并讨得列强对其政权的支持。为此她采取了主动而积极的态度以博得列强对其的欢心。突出的事例就是在宣布端肃等罪状时，就把"不能尽心议和，徒以诱获英国使臣以塞己责，以致失信于各国"列为首要罪状。从此列强对华政策由主要是"打"而变成"中立"。中外反动势力通过政变达成了默契，出现了"中外和好"的局面。

对内：实行满汉合流。太平军的作战能力很强，八旗兵和绿营都不堪一击，湘军成了能和太平军相抗衡的唯一力量。为尽早将太平天国革命镇压下去，慈禧注意调整同曾国藩等人的关系。给他们以更多更大的权力。1861年11月即慈禧太后操权的当月，就令曾国藩统辖苏浙皖赣四省军务，所有四省巡抚、提督以下文武官员悉归节制。不久，又加其太子少保衔和协办大学士，又加权于左宗棠、李鸿章。曾国藩集团成为地主阶级当权派中最大势力集团。这与咸丰朝对汉族地主的猜忌、压制恰恰形成鲜明对比。满汉地主阶级为镇压农民起义，密切地合作起来。在中外反动势力联合绞杀下，太平天国农民起义被镇压，清政权在风雨飘摇中得到了暂时的喘息机会。

政变的另一结果是那拉氏调整了权力布局，这集中地表现为她实行垂帘听政，这种统治形式实质上是她个人独裁专政，故此在她统治的48年的时间里，始终不惜以各种政治手腕竭力维护垂帘听政式的政治局面。权力布局的改变还体现在清政府的权力格局由"内重外轻"变成"内轻外重"，慈禧太后采取在地方实力派中扶植一派抗衡另一派的手法，使他们之间相互制约。以利于她居间调节。

慈禧发动政变后，以"自强""求富"为宗旨的洋务运动迅即拉开序幕。现在看来如果没有慈禧太后的支持，洋务运动不可能在强大守旧势力的阻挠下延续那么多年。如今一些史学家称慈禧为"顽固势力的总代表"，说她"一贯顽固守旧"，却不知慈禧掌权正值国事衰微之际，她也并不缺乏改革进取之心。满清回光返照的"同治中兴"正是在慈禧当政期间发生，而洋务运动作为中国走向现代化的第一次努力，和慈禧大量信任、启用洋务派有着必然的关系。

洋务派招致顽固派和清流党的攻讦，朝廷上无一日安宁。慈禧太后巧妙地施展其政治手腕，逐渐地减少来自他们的阻力。1866年，洋务派在同文馆加设天文、算学馆，选派科甲正途出身的人进馆学习。文渊阁大学士、理学大师倭仁以中国之大，不患无才，"何必师事洋人"首倡反对。慈禧即令他保举数员精通自然科学的中国教师，另行设馆授徒，以与同文馆的洋教习相比试。倭仁见慈禧动了真格，赶快申辩，说所谓中国"不患无才"，不过是自己"以理度之"，为想当然之事，"应请不必另行设馆由奴才督饬办理。况奴才并无精于天文、算学之人，不敢妄保"。倭仁受此挫抑，后竟郁闷成疾，请求开缺休养。

清流派代表人物张佩纶也曾经领教过慈禧太后的厉害。中法战争期间，张佩纶放言高论，以谈兵事为能，对洋务派的军事外交政策不屑一顾。慈禧顺水推舟，任命张佩纶为福建海疆大臣，到前线指挥作战。张佩纶临事茫然，暗中却叫苦不迭。张佩纶的色厉内荏，慈禧的治人之术，于此可见一斑。

慈禧一面应付顽固派、清流党的讧闹，一面给备受委屈的洋务派打气。慈禧不仅对曾、左等洋务运动的"老班子"念念不忘，而且颇有后继乏人之虑。郭嵩焘作为洋务运动的新锐，是中国首任驻英法大使。他极力主张向西方学习，动辄与老臣们争论，得罪了许多人。在顽固派眼中，郭嵩焘被看成士林败类，名教罪人。"出乎其类，拔乎其萃，不容于尧舜之世；不能事人，焉能事鬼，何必去父母之邦。"这首刻薄的对联便是顽固派送给郭嵩焘的礼物。慈禧说他"挨这些人的骂也挨够了"，实际上在为郭嵩焘鸣不平，同时对曾纪泽也是一种激励。

慈禧无疑是支持改革的，但处在一个社会大变革的时代，她与一个最高统治者应有的知识素养和精神面貌又有一定的差距。她没有主动吸纳新知识的渴求和行动，因而在不少问题上表现出惊人的无知，如认为修铁路破坏风水，火车要用驴马来牵引等等；她贪图安荣享乐，不惜挪用海军军费修造颐和园。无知和私欲，直接影响到她所支持的洋务运动的实绩。更为重要的是，她对事态的严重性、改革的进程和目标从未有过足够的心理准备和通盘考虑，而是在外力的刺激下被动地调整政策，这也表明慈禧仍然不够一个卓越政治家的前瞻视野。

复垂帘，再垂帘

1873 年，载淳成年，慈禧太后宣布归政，但仍把持朝柄。

1874 年，载淳病死，慈禧太后立宗室载湉继承皇位，年号"光绪"，第二次垂帘听政。

1889 年，载湉大婚成年，慈禧太后第二次宣布还政，退居颐和园，但朝内一切用人行政仍出其手，光绪皇帝实际为傀儡皇帝。

1898 年，由光绪皇帝主持的戊戌变法是慈禧太后一手镇压下去的，史家认为是慈禧阻碍了旧中国的改革进步。然而慈禧并非一贯就反对变法维新。1895 年的甲午战争失败后，光绪皇帝愤于战败割台，决心变法，想要振作精神改革政治。慈禧即对亲政的光绪皇帝说："变法乃素志，同治初即纳曾国藩议，派子弟出洋留学，造船制械，以图富强也。"又说"苟可致富强者，儿自为之，吾不内制也"。光绪抑郁顿释，也就大胆行动起来，1898 年 6 月发布"明定国是上谕"，实行变法。无耐欲速则不达，维新运动得罪了大批既得利益者。也渐渐超过了慈禧所能容忍的限度，以致吞下血腥政变的恶果。

慈禧的不满大概有两个方面。其一是维新派有针对她的兵变计划直接威胁到她的地位和生命。在权力之争中，慈禧比较心狠手毒。如果改革要以牺牲她的权力为代价那是万万不行的。其二是光绪帝和维新派的急进变革主张造成整个社会的强烈震荡，使许多与现存社会有利害关系的集团势力觉得受到了威胁。百日维新期间上谕达一百一十多件，令人目不暇接。各地方官员都怨声载道，光绪帝严惩阻挠变法的官员又树敌太多。至于废除八股改革科举制度，又在庞大士人群体中引起普遍恐慌。慈禧太后担心全线出击造成大厦倾覆，只好出面干涉稳定政局，9月，慈禧太后发动政变囚禁光绪皇帝于瀛台，开始第三次垂帘听政。

戊戌变法运动虽被镇压，可那只是宫廷内的权力斗争，改革毕竟已是大势所趋，关键在于由谁主持改革以及如何进行改革。精明的慈禧太后通过戊戌政变确保了自己的地位之后，立即主动发出继续改革的信息："前因中外积弊过深不得不因时制宜力加整顿。而宵小之徒窃变法之说为煽乱之谋。业经严拿惩治以遏横流。至一切政治有关国计民生者无论新旧均须次第推行，不得因噎废食。"慈禧的这一举动，给政变后万马齐喑的局面注入了兴奋剂，使主张变法维新的社会力量重燃希望之火，这实为她政治上的高明之处。

正当慈禧意欲缓进地推行改革时义和团运动爆发。义和团运动打着"扶清灭洋"的口号，对于痛恨洋人的慈禧太后而言一开始就颇对胃口。然而在如何对待义和团的政策上是经过了激烈的争论的，其间还夹杂着列强的干涉。1900年初，义和团的主力转进直隶，逼进京畿。慈禧太后派刑部尚书赵舒翘、大学士刚毅先后去涿州调查情况。太后之所以对义和团采取慎重的态度，主要是义和团在痛恨洋人方面和太后有相似之处。

义和团提出"保护中原、驱逐洋寇",他们因为教会"勾结洋人,祸乱中华"而焚烧教堂。慈禧太后在1898年之后痛恨洋人,其根源在于她发动政变废光绪,另立新君的举措遭到洋人的极力干涉。其次是英人庇护康有为事件使慈禧太后愤怒。当慈禧太后发现义和团从底层开始烧教堂、杀洋人的时候其心态是复杂的。一方面她得到刚毅等的复命,言义民无他心可以依靠;另一方面她感到处处受洋人的"气",又找不到报复的机会。

慈禧太后被几种力量推动着:一是洋人对她的攻击甚至想夺他的权促使她对洋人强烈地痛恨,二是周围顽固派的火上浇油、吹风点火,三是义和团煽动的全面的对洋人的仇恨情绪,更给了她报仇的机会、理由和实力。这一切都使慈禧太后感到了莫大的激愤和冲动。然而慈禧太后并非真的是要倾全国之力与外敌决一死战。当这口恶气出得差不多的时候,她理性地认识到双方实力的差距也就害怕起来。慈禧态度变化的一个重要事件,是6月25日早上,端王、庄王、瀛贝勒带领60余名义和团员入宫寻找二毛子,至宁寿宫门,太后尚未起床,他们大声呼噪请皇帝出来,说皇帝是洋鬼子的朋友。太后听到大怒。她这才意识到情况远比她意料的要复杂而危险,情况早已经超出了她的预料和掌控。

8月14日慈禧太后挟光绪皇帝逃往太原、西安,15日联军攻入北京。慈禧太后在决策时的处境,也确实比较艰难。面对无法收拾的局面,慈禧把客观环境当作决策的理由,摆脱了自身的罪责,归罪于义和团和办事不力的大臣。9月7日发出上谕,对义和团痛加铲除。这次打击似乎使她有所清醒,内忧外患之时清末"新政"开始了。

与戊戌变法相比较,清末"新政"实际上是一场更具现代化性质的改革。政治上清庭设立了外务部、商部、学部、巡警部、邮传部等新的政府机构,传统的六部体制不复存在;经济上首先肯定了戊戌变法时奖励工商、发展实业的各种措施,而后颁布《商人通例》《公司律》《破产律》《商会简明章程》等多种经济法规,为工商业的发展提供必要的法制保障;军事上戊戌变法时的主张为整顿团练、令八旗改练洋操,并着手改革军制,新政则致力于用现代化军队建制编练新军,军队组成、武器装备和指挥水平明显改善;文化教育上戊戌变法时提出改革科举制度、设立新式学堂、奖励游学,新政则宣布废除科举制度,大规模地开办新式学堂和派遣士人出国留学,并参照日本模式制定出中国最早的学制——《钦定学堂章程》以及《奏定学堂章程》。

作为最高统治者的慈禧,对新政寄予厚望。她在古稀之年,对魏源的《海国图志》、徐继畲的《瀛寰志略》等介绍外国历史地理的书籍产生极为浓厚兴趣,时常阅读以广见闻,这在以往帝王也很少有过的事情。新政推行过程中，虽有着种种弊端，但绝非无善可陈，更不是什么"假维新"。新政的推行，确实在为中国逐步积累着现代化资源，为社会的转型准备着物质和社会方面的条件。不过，当时的国内外环境没有再给中国提供一个稳健改革的机遇。1904年，日俄战争爆发，岛夷小国战胜了庞然大物俄罗斯。国内外舆论认为，这是立宪国战胜专制国的铁证，"皆谓专制之政，不足复存于天下。"于是国内立宪的呼声，由微弱转为高涨。慈禧在强大舆论压力下，不得不将新政归于宪政改革。宪政改革，意味着要突破政治体制中最核心的部分。这一重大的举措，给清末改革带来功能性紊乱，也给慈禧招致难以承受的压力。

1906年，光绪奉慈禧谕旨，宣布"预备仿行宪政"，并以官制改革为下手处。官制改革以行政和司法相互独立为基本原则，"总使官无尸位，事有专司，以期各有责成，尽心职守。"由于官制改革牵涉权力和利益的重大调整，引起统治集团内部的躁动不安。有关官制改革的条陈如雪片般飞到慈禧的眼前，其意见之纷杂、斗争之激烈实属罕见，老佛爷感觉"如此为难，还不如投湖而死。"区分清楚中央与地方的权限是官制改革中最头痛的问题之一，清政府本欲通过官制改革收取督抚的兵权和财权，哪知督抚却以设内阁、开国会相要挟，中央与地方的矛盾更形突出。官制改革陷于进退维谷的境地。

1908年，宪政编查馆颁布九年预备立宪逐年筹备事宜清单。与此同时，慈禧和光绪皇帝联名发布《九年预备立宪逐年推行筹备事宜谕》。上谕中指出："当此危急存亡之秋，内外臣工同受国恩，均当警觉沉迷，扫除积习。……所有人民应行练学自治教育各事宜，在京由该管衙门，在外由各省督抚，督饬各属随时催办，勿任玩延。"又云："至开设议院，应以逐年筹备各事办理完竣为期，自本年起，务在第九年内将各项筹备事宜一律办齐，届时即行颁布钦定宪法，并颁布召集议员之诏。"这是慈禧生前颁布的最后一道谕旨，也可说是慈禧的政治遗嘱。

不久，慈禧悲郁而逝，权力轴心顿变虚弱，要求速开国会、速立宪法的呼声更趋高涨。立宪派的鞭策和清廷的拖延，导致两者合作的最终破裂。满清王朝在革命派和立宪派的呼喊声中土崩瓦解，清末改革以失败而告终。

■ 是非功过后人说

对于慈禧这样一位引来如此争议的人物来说，很难做出服众的公论。有人认为慈禧太后是个阴险狠毒、睚眦必报、狐貌狼心的妇人。然而在权力斗争的旋涡中没有手腕本就不能生存。心狠手毒是一种必备的政治技巧。当可断言：慈禧虽有才华而实无见识，所以晚清中国的命运，才会在她手中变得衰败没落，终至有亡国灭种之危险。但我们要知道"同治中兴"正是在慈禧当政期间发生，而洋务运动如果确实可以算是中国走向现代化的一次努力的话，这和慈禧大量信任启用洋务派有必然的关系。

妇人干政显然不符合中国正统观念。然而晚清的衰败也不是鼎鼎大名的慈禧太后一人就能负得了责任的。中国在近代面临的千年未有之变局，面临的亡国灭种的危机要由一两个执政者负责，这种看法是偏离了实事求是的客观标准的。从权力斗争的角度而言，慈禧只是做了她的角色召唤她必然要做的一些事情而已。当然慈禧太后对于中国所处环境的认识、对于她的使命的认识远远不能和洋务派、维新派相比。她对外充满怀疑和敌视，做了些不顾大局的冲动之举。慈禧在改革派和极端顽固派之间长期寻求平衡。在维护国家利益方面，她在大多数时期是坚决维护的。晚年慈禧从大难中醒悟，决定开创新时代史，但历史从来不会给人第二次机会。

平心而论在强大的观念和制度笼罩之下，慈禧的才干和能力还算是杰出的。她比大部分男人刚强果断。也可以称得上有胆有识，机智精敏。在她48年的统治生涯中，她始终牢牢控制着整个局面，把那些男人中的精英人物操纵在股掌之间。她很有胆量。就在英法联军逼近北京，咸丰皇帝准备仓皇逃走的时候，她从储秀宫的帷幕后面第一次站出来，冒着违反祖制的巨大危险，极力反对这个懦弱的决定。在满朝王公大臣的惊慌失措之中，懿贵妃掷地有声的话足以让满朝男子蒙羞。她很有度量，在丈夫死后她

▲ 古代贵族服饰

以闪电般而且果敢的手段发动宫廷政变，颠覆了由顾命八大臣组成的权力中心。她只杀了为首的三个大臣对其他人都轻轻放过，并且当众焚毁了从三大臣家搜出来的政治信件不追不问，从而使所有和政敌集团有牵连的官员都松了一口气，稳定了局面安定了人心。她确实有一定眼光。西方文化冲击之下中国的洋务运动就是在她的支持下开始的，她支持派出留学生，支持兴办工厂，支持建设新式军队。在她统治的最后十年，她相当努力地推行了政治改革，准备采用西方的君主立宪政体。

她的改革范围甚至比康有为当初的设想还要广泛，改革手段也显然比戊戌变法时的举措更切实有效。如果她遇到的是比较平稳的政治局面，我们有理由相信，她会很成功地完成她的政治生涯，不但会胜过历史上其他大多数女执政者，也会胜过大部分政绩平平的皇帝。如果是那样，她在历史上留下的绝不会是像现在的这么多骂名。在她扮演的双重角色之中，她本质上更是一个女人而不是政治家，虽然她刚强能干。其实起初她只是想替懦弱的丈夫当当家，后来就是想保住爱新觉罗家的产业，以免孤儿寡母受人欺负。她只是一个爱享乐的精明的贵族女子，用她所熟悉的管理家庭的方式管理着国家。

从一个女人的视角评价慈禧。她有女人对美的追求，对青春的渴望。其实中国历史对女性而言是不公平的。这片土地上不知曾生长过多少杰出的女子，她们像水晶般聪明、像鲜花一样美丽。可惜她们只能在文字之外悄悄凋零，上天赐予她们才华，却没给她们施展的领地。慈禧太后是相当亮丽的。无论是外表还是内质，都颇为光彩照人。慈禧极其自信敢做敢当，从不压抑也不委屈自己。面对一群男人组成的政治世界，慈禧毫不胆怯。她通过自己的聪明和狡黠成功地把这个世界变成了维护自己欲望的工具。慈禧精力充沛热爱生命。她二十五岁成了寡妇，可是她仍然满腔热情地打扮自己。她对美异常执着，四十多年里她天天都要把自己修饰得一丝不苟光彩照人。

慈禧就是这样一个女人。她有着那个时代普通女人所没有的叛逆性格，却跳不出那个时代的局限。她妩媚又泼辣，聪明又无知，大胆又保守，她勤奋又贪图逸乐。她不太理解政治，政治也给了她千载骂名。她或许会料到自己身后的骂名，但却万万想不到自己死后会遭受盗陵抛尸的奇耻大辱。在权力斗争中她果断冷酷，在世界大势前却反应迟钝；她有足够的聪明和手段控制局势，却没有足够的热情和责任感去改变中国。在很多时候她能明智地顺应时势采纳正确的意见。也有很多时候她为了维持自己的地位而做了许多错事，影响了整个国家的前途。她进行的历次政治斗争，都是纯粹的权力之争而非政见之争。她在每个场合都能做到坚持自己的立场,从不被周围的反对力量所压倒。这些也只有对慈禧太后身上个人特点予以充分承认才能解释清楚。

 **知识链接**

慈禧太后的私密生活

在金碧辉煌的皇宫里,生活着成千上万的香艳美女,她们争奇斗艳,花枝招展,将皇帝的后宫变成了一座皇帝喜欢的香艳乐园。

作为晚清的国家统治者,慈禧太后拥有至高无上的权力及显赫的地位,但是国事和家事仍然给她带来了诸多的烦恼,不过她善于调整自己。与多数帝王相比,她的日常生活处处显示王者的尊贵,但她又有普通女性的爱美欲望。"美"成为了她生活中的一项重要内容,如容颜之美、服饰之美等。

在政务之暇,她的休闲生活也是丰富多彩,如看戏、逗狗、玩纸牌等。为慈禧备膳的寿膳房厨役、太监共200多人,慈禧太后的膳食原料多为新鲜蔬菜、山珍海味。每餐荤素搭配,冬季食羊肉、鹿肉等热性食品,夏季食用野生的茯苓、山菜、蘑菇等。而粮食中做粥用米就有京米、紫米、薏米、粳米、老米、小米等。

慈禧太后所用的餐具为金银玉储器及细瓷盘碗,冬天多用金银暖锅和银制暖锅。每品菜上均有银制的试毒的,长约三寸,如菜有毒,银牌即变色。她使用的筷子为象牙质镶金头。

据悉,慈禧对自己的容颜之美十分看重,每天为此花费大量时间,她坚持早晚用温水洗脸、敷面,用按摩器按摩面部穴位以促进血液循环,使用扬州产的宫粉、苏州制的胭脂和宫廷自配的玫瑰露护肤美颜。慈禧还相信中药美容,根据皮肤的变化经常请宫廷御医"谨拟"医方,直到晚年，她的皮肤仍有弹性。头发的养护和梳理也是慈禧美容的重要环节，御医专门为她研究配制口服、外用的养发中药，为她梳头的太监以及梳头用具都经过精心挑选。而慈禧对牙齿的护理也很科学，既用中药保护，又用药具医疗，七十多岁时仍面颊丰腴，嘴部棱角分明，没有掉牙、缺齿等口腔疾病。

西太后一生不变的一个习惯，就是喝人奶，喝牛奶。这是她最习惯的一件事，也是她很痴迷的一件事。用太后自己的话说，这是她一生养颜美容的有效妙法之一。

满清宫廷之中，早点通常保留着关外东北人的习惯，喝奶子，要对茶，称为奶茶。最独特的是，太后喝的这奶茶，不是由御茶房供应，而是由储秀宫内的小茶炉供应。奶茶由太后调制浓淡，确定可口的味道，每天再由小茶炉专门为太后制作供应。这里，一来较近，二来专门负责的老太监老张，干干净净，为人可靠。

清代皇帝喜爱人乳，亲王和贵族之家也好人乳。历史上以严厉著称的雍正皇帝，一生之中自己最为中意的养生保健秘方，就是三十三味良药的龟龄集方。其中，最重要的一味良药，就是人乳。据说，是将人乳和精选的醋、井水、河水、烧酒等等经过数十道工序炼制。

清末之时，备受西太后摧残的光绪皇帝，生命危在旦夕，御医给他开具的救命良方，就是人乳炖溫。溫，是多年生水草，属于藻类，全草可以入药。医生叮嘱皇帝，要在午后三四点时进服。效果很好。

西太后从她二十六岁掌握政权之后，一直到她去世，她十分注重自己的仪容之美，也就是很注意养颜美容：规定御药房，每天敬献一副平安养生药，依季节、时令、节气、气候不同，酌情开具，旨在养颜美容。

为了减少脸上的皱纹，吩咐受过专门训练的侍女，每天用玉石按摩皮肤等等。但所有的一切，西太后发现，在养颜美容方面，能够保持青春长驻的最佳妙方，就是人的乳汁。西太后每天总要喝大半碗。

据记载，清宫供应后妃们食用的人乳，主要来自于北京郊区县。《宛署杂记》记载：东安门外，稍北，有礼仪房，是清宫专选奶口（奶妈）以候内廷宣召之所。

奶子府，隶属于直属皇帝指挥的内廷特务机构锦衣卫。

清宫规定，每个季节，精选奶口四十人，在内廷之中，辟专室养护，称为"坐秀奶口"。再选80人，着在于宫中，由内府专门供应饮食，称为点卯奶口，意在坐秀奶口有意外时补缺。每季更换一批。

清宫选择奶口，十分严格：京郊两县、各大衙门，广泛寻找丈夫健在的端庄良家妇女，身体健康，年龄在十五岁以上，二十岁以下，还要子女健在者；必须是生下第三胎之后三个月左右，无异疾的女子。

大兴、宛平两县和五城兵马司、各戴维所、衙门，各选送奶口二十人备选，每季选送，由内府确定的接生稳婆一一检验，确定没有疾病、健康状况良好，才选送入宫。

选定的奶口，每天给米八合，肉四两，由光禄寺提供；每年各种礼物、用品，每季所用的煤炭杂器，由两县召商办送，约费铺行银四百余两。

宫廷之中，再从选定的奶口之中，选择健康状况极佳、相貌端庄、性情温和的良家产妇，每天挤出充足的乳汁，经过精选之后，定时供应给宫中。

《宫中现行则例》规定：皇太后名下，女子十名，妈妈哩四名。清光绪年间，西太后宫中，女子二十名，妈妈哩七名，嬷嬷一名。西太后喜欢喝人乳，每天专门有三名奶妈提供充足健康的奶水。西太后对于奶妈的要求十分苛刻，在选择上不容有半点差错：一、要选自满族，是真正的旗丁之妻；二、要详细查看产妇的新生孩子，并送交敬事房查验；三、由兆祥所妈妈哩仔细检查奶口，首先要选奶水充足的入宫再行验选；四、入选之奶口，选择体形良好、相貌端庄、身体干净、奶水充盈之人。五、年龄在15~20岁，特别好的可以在30岁左右。

经过选择之后，入选的奶口，都是一些美貌、丰满的年轻女人，她们为西太后提供充足健康的奶水，每天都是如此，除非太后生病，或是特殊的日子。

据说，西太后从很年轻时就开始喝人乳，从史书的记载上，大约是在二十六岁，到她七十五岁去世，将近五十年的时间。宫中的女人们都认为，七十多岁的西太后一直容颜美丽，最主要的原因就是每天坚持不断地喝人乳。

每天固定的奶口是三人，最多之时，达到十一人！据记载，从光绪七年到十五年，选进宫中的奶口有五人，她们用健康的奶水，滋养着四十七岁到五十多岁之间的更年期的太后。

第三章
母仪天下尊国母

　　并不是所有的皇后都能母仪天下，这与皇后的德行、气度、修养等均有很大的关系。历史上不乏皇后母仪天下的事例，本章只选取其中几例，是为德率后宫的楷模。历史虽然对某些皇后历来褒贬不一，但值得肯定的是，贤德的皇后必将为世人称赞，这一点毋庸置疑。

第一节　马明德：深明大义的布衣皇后

■ 与皇族结亲

俗话说，每个成功男人的身后都站着一个伟大的女人，但不是每个成功的帝王身后都有这样的贤后德妃在默默支持他。对于东汉的第二位皇帝——汉明帝来说，他很幸运地拥有这样一位皇后。

史书上关于这位皇后事迹的记载，就是那么几件，屈指可数，但这些就足以使她位列中国古代贤后之列，为后世人所景仰了。

马明德是个大美人。马援是马明德的父亲，史载马援"明须发，眉目如画"，是个地道的美男子，看来，这马明德倒是遗传了父亲的优良基因。可是，历史告诉我们，马明德能当上皇后，起决定作用的不是她的相貌，而是其内在品质。

马明德能够入宫并当上皇后，与其父伏波将军马援之死有关。

马援是一个能征善战的将领，东汉开国名将之一。"丈夫为志，穷当益坚，老当益壮""男儿当死于边野，以马革裹尸还葬"

等流芳千古的名句皆出自他之口。可是，此人有一个致命的缺点，就是为人太实在，不会圆滑处世，因此得罪了不少人。这也为后来马家衰败及马明德入宫奠定了基础。

话说刘秀坐上龙椅不久，马援被封为新息侯。一日，马援生病了，满朝文武赶紧到其府上探望，一个名叫梁松的人也去了。梁松虽然年轻，但身份却很显贵，乃堂堂驸马爷。他来到马援病榻前，客客气气地问了声好。若是个圆滑之人，见当朝驸马行礼，肯定得作受宠若惊状，诚惶诚恐地道谢，可马援眼皮都没抬，只是"嗯"了一声，无任何还礼之举。

梁松走后，马援的儿子问父亲："您为什么不能对梁松客气一点儿呢？好歹他也是……"不等儿子说完，马援将头一扬说："我可是跟梁松他爹平辈论交的，就算他身份比我高贵，他也是晚辈，你见过长辈给晚辈行礼的吗？"

梁松当众丢了面子，心里不免恨起这个倚老卖老的人。事隔不久，马援写信教训侄儿，在信中，他把朝中大臣包括驸马爷评论了一番。不料，这封信落入他人手中，并被呈送皇帝，以证明朝臣杜季良与驸马梁松、窦固有不法勾当。刘秀见信大怒，立即把两个女婿召来痛骂了一顿。

梁松这次可是恨透了马援。但马援清正廉洁，并没有做违法之事。所以，在马援生前，梁松没敢轻举妄动。后来，马援病死在出征途中。梁松闻讯立刻上书，称马援南征交趾的时候，趁乱掳掠一车民间珍宝，并私藏起来，罪大恶极，应受严惩。

这纯属栽赃陷害！马援当年奉刘秀旨意平定交趾时，确实带回一车东西，但车上装的是薏米仁，而不是什么珍宝。可惜马援已逝，死无对证。于是，那些马援生前得罪的人便开始借此事添油加醋、煽风点火。光武帝刘秀一生英名，却在此时相信了小人的谗言，追缴马援的新息侯印绶，且不许他葬入祖坟。

马家顷刻衰败，马援的子女也从"功臣之后"变成了"罪臣之后"。为了扭转颓势，保全儿女的性命，马夫人蔺氏作了一个大胆的决定——送女儿入宫，与皇族结亲！

■ 踏入太子宫

光武帝刘秀念及马援生前的功劳，恩准了蔺氏的请求，从马援的三个女儿中选择了年纪合适的三女儿——马明德入太子宫。"明德"并不是这位马三小姐的闺名，其真正的闺名已经无从考证，因此就暂且以她的谥号——明德来称呼她。

据说，马明德小的时候，曾经患过一场重病，疾病缠绵很久也不得痊愈。其母蔺氏非常担忧，便请筮者来占卜。筮者答复说："这个女孩子，虽然满面病容，但是仍然掩不住贵重之气，她未来的大富贵是不能言传的。"

听了这话。蔺氏半信半疑，又召来相士给所有的女儿们看相。给几位马小姐都看过之后，相士一言不发，最后看到了马明德，相士大惊失色，说："我日后定要向这个小姑娘俯首称臣，这个女孩是大富大贵之人啊。"听到这里，蔺氏大喜。

马援去世的时候，马明德只有十岁。祸不单行，就在父亲去世不久，马家的两个儿子马客卿、马惠敏也先后早夭。迭遭打击的蔺氏因悲伤过度而精神失常，状况时好时坏，根本处理不了家里的事情。为了给母亲分忧解难，马明德就开始处理家务，她待人接物、内外咨禀，如同大人一样，把一切处理得井井有条，左邻右舍无不惊叹。

小小年纪就如此干练，马明德的聪明才智自然非同一般。于是，她初入宫门，便被刘庄之母——皇后阴丽华慧眼相中，就和刘秀商量，让她入了太子宫中。

这一决定出乎很多权贵的意料，而对于马家来说却是个天大的意外惊喜。更出人意料的是，马明德一入太子宫，便得到了皇后阴丽华的格外照顾。阴皇后非常欣赏马明德的斯文有礼、品貌端庄、孝顺温和，经常对其赞不绝口。马明德的品行也得到了未来皇帝刘庄的喜爱。马明德第一次出现在太子面前时，太子三十二岁，已阅后宫粉黛无数的刘庄，也不乏红粉知己、侍妾宠姬。但纯洁美丽、谈吐不凡的马明德却给了他怦然心动的感觉。他对马氏的宠爱超过了其他的嫔妃，甚至为了能天天看到她，让她住在自己寝宫的后室。

虽然刘庄对马明德几近专宠，可是多年夫妻，马明德始终没有生育一男半女。这不但令刘庄着急。更令马明德感到担忧。

后来，光武帝刘秀驾崩，时年三十岁的太子刘庄继位，马明德被册封为仅次于皇后级别的"贵人"。为什么封她为贵人而不是直接立为皇后呢？这是因为马明德尚未生下一男半女，刘庄有意立她为后，可是担心育有皇子的嫔妃反对，就借口为父守制，闭口不谈立后之事。

新皇即位后，一些王公大臣们纷纷将自己的女儿送进宫中，期盼着能够借此成为皇亲国戚。在这些新入宫的女子中，有一位贾氏，容貌不俗，被刘庄所招幸，不久便为刘庄生下了皇子——刘炟。

虽然为自己生下了儿子，刘庄对贾氏仍然没有太大的感觉，他依旧宠爱马明德。刘庄见马明德盼子心切，常独自垂泪，很是心疼。为了安慰爱人，就依例将生育了皇子的贾氏晋封为贵人之后，也把贾氏所生的儿子刘炟交给了马明德抚养，并宽慰她说："人未必当自生子，但患爱养不至耳。"大意是说，这世上并不是每个人都能够生育孩子，只要用慈爱之心去养育，别人的孩子一样会成为孝顺你的好孩子。

马明德感谢丈夫对自己不孕的体谅，悉心抚养这个孩子，对他的关怀无微不至，虽然她的宫中婢仆成群，她仍然事事亲力亲为，以至于劳累憔悴。马明德在这个孩子身上所付出的母爱，远远超过宫中其他妃嫔养育亲生孩子的付出。

刘炟也从小亲近自己的养母。马明德和刘炟虽然名为养母养子，实际上却比许多亲生的母子还要亲近，彼此间毫无芥蒂。由于刘庄对马明德的宠爱，他希望能让马明德成为自己的皇后。但是马明德毕竟没有亲生儿女，贸然立为皇后容易引起其他育有亲生儿子的妃嫔家族的非议反对。于是，在继位为帝三年的时间里，刘庄都没有册立正式的皇后。

永平三年的春天，新帝刘庄为父守制的时间也满了，再不立皇后可说不过去了。后宫之事不仅仅是皇帝的私事，也是国家的大事。于是有关部门的人员便上奏明帝，要求册立皇后。这时的汉明帝后宫中，生育了皇子的嫔妃至少有三人，除了贾贵人，还有两位嫔妃生育了千乘哀王刘建和陈敬王刘羡。除此之外，宫中还有一位阴贵人。虽然她此时尚未生育皇子，但她是皇太后阴丽华家族的女孩儿，与刘庄是表兄妹之亲。从理论上来说，她们都比未育的马明德有资格当皇后。遗憾的是，她们都不是刘庄最爱的人，刘庄心里的皇后人选只有一个，那就是他最钟爱的马贵人。可是，让马贵人当皇后，其他妃子的亲戚们肯定要闹事，怎么办呢？刘庄为此寝食难安。

皇太后阴丽华适时地站出来了。她其实早就在考察刘庄的嫔妃了，她一直就非常喜欢马明德的才学品行，觉得在后宫中只有马明德适合做皇后，于是她说："马贵人德冠后宫，宜立为后。"明帝三年二月，马明德被册立为刘庄的皇后，她的养子刘炟同时被册立为皇太子。

■ **修身养德美名传**

马皇后没有忘记她的父亲马援遭人排挤的教训,她虽然做了六宫之主,但她还是像以前那样谦虚谨慎、平易近人,一点儿也没有皇后的架子。马皇后生活俭朴,日常里穿的是粗帛衣裙,不喜穿大红大绿艳丽颜色的衣服,不佩戴珠光宝气的饰物。除非有重大的、需要她出面的典礼仪式,她才会穿戴皇后的礼服和佩饰。那些每天忙着争奇斗艳的后宫嫔妃们不知底细,以为皇后穿的是什么新款名贵的绮罗,及趋前一看,无不惊呆,她们都认为皇后穿得太寒酸了,马皇后笑着对她们说:"可别小看这粗帛衣料,质地不坏,穿上也很舒服,染上颜色,也不容易掉色,经久耐穿。"马明德深知骄奢之风不可长,遂以身作则,给皇族公卿做表率。嫔妃们无不赞叹,纷纷以马明德为榜样,厉行节约,减少了很多不必要的宫廷开支。

汉明帝刚即位的时候还很年轻,喜欢四处游玩,马皇后则总是好言好语地劝告他,希望他能够专心政事。有一次,明帝去一

▲ 马明德像

个花园赏花,把自己所有的妃子都带去了。唯独马皇后没有来。那些妃子平时都很敬重马皇后,这时见她没来,就纷纷请求派人去请她。明帝却摇了摇头说:"还是不要叫她了,她不喜欢游玩。即使来了,她也不会高兴的。"就因为马皇后一直在明帝身边督促他,所以明帝游玩的时间就少多了。

马明德喜欢读书,并且涉猎范围极广,《易经》《楚辞》《春秋》以及董仲舒深奥的著作,她都钻研过。一次,明帝就想测试一下她的品行和才学,就把一些大臣们的奏章拿来给马皇后看,询问她意见。马皇后仔仔细细地看过奏章以后,果然一条一条清清楚楚地列出了各种事情的处理办法。明帝见了非常佩服,此后,凡是在朝廷上遇到了难以解决的事情时,明帝就会回来和马皇后商量,听取她的意见。但是,在讲明了自己的意见后,马皇后还是让汉明帝自己作决定,遵循着后宫不能干预朝政的祖制。

汉明帝在位期间,在马皇后的辅佐下兢兢业业地管理着国家大事。公元75年,汉明帝驾崩,太子刘炟即位,是为汉章帝。马明德荣升皇太后。

为表达对养母的感恩之情,刘炟一即位,便想封马明德的三个兄弟为侯。但却遭到了马明德的婉言谢绝。一些善于溜须拍马的大臣认为,皇太后拒绝加封娘家人,不过是做官样文章。凑巧的是,第二年夏天,东汉发生了旱灾,这些大臣立即上奏汉章帝,声称大旱是因为马家未受封赏上天不满所致,要缓解旱情,一定要加封马太后的家人才行。汉章帝心里清楚这是胡说八道，但因晋升舅舅的提议正中他下怀，便打算采纳此建议。

马明德知道后，一向随和的她也发怒了，立即下了一道措辞严厉的懿旨，大意是说：天降大旱，跟太后家族封不封爵有什么关系？凡是提出要给外戚封爵的人，都是想献媚于我和皇帝，想从中捞取好处……前几天，我路过我娘家所在的濯龙门一带，看见从各地前来给我娘家人请安的络绎不绝，车如流水，马如游龙。我娘家的奴仆都穿得十分光鲜、整齐，相比之下，我这个太后的侍从可差远了。为了惩戒他们，我削减了这些人的俸禄，希望他们能有所悔悟，谁料他们竟不思悔改，难道是想让大汉覆亡吗？

马明德再次谢绝了汉章帝对马氏家族的封赏，同时也为后世留下了一则成语：车水马龙。

在马明德的影响下，东汉国力在汉章帝时期趋于繁盛。《续烈女传》中称赞马明德"在家则可为众女师范，在国则可为母后表仪"，所言极是。

公元79年，马太后在洛阳逝世，谥号"明德皇后"，与其夫汉孝明皇帝刘庄合葬于邙山之上的显节陵。

在历朝历代中，都是母以子贵，后宫中无子却居于后位而不被倾覆者可谓凤毛麟角，非大智大爱者不能居之。马皇后一生节俭、朴素、谦逊、知书达理、深明大义，她的所作所为，对明帝、章帝两朝的政治都有着积极的影响，因此也赢得了世人的赞誉。

第二节　邓绥：临朝称制的女政治家

■ 二次走进大汉皇宫

史家不会轻易赞美一个人的外表，更不会给予什么溢美之辞，然而，《后汉书》却将两汉王朝所有后妃美貌的最美形容词，都毫无保留地给予了邓绥。邓绥是东汉和帝的第二任皇后。天姿聪颖，性情柔婉。六岁就通读史书，十二岁精通儒家经典《诗经》《论语》。邓绥格外重视教育，她首先是在宫中开办讲习，让宫人都增加学识。除了因渴望权力而错误地选择储君之外，作为一个政治家的邓绥是合格的，在她治理国家的近二十年时间里，东汉王朝顺利地度过了天灾人祸不断的十年。

东汉和帝有过两任皇后，第一任皇后姓阴，邓绥是第二任。这一对皇族夫妻之间有着复杂的亲戚关系：光武帝刘秀的皇后是阴丽华，和帝的阴皇后就是阴丽华哥哥的曾孙女。而邓绥的母亲是阴丽华皇后的堂侄女。也就是说邓绥是小阴后的表姨妈。

汉和帝刘肇是章帝第四子，登基时只有十岁，家国大事都掌握在嫡母窦太后手里。不过，他十四岁那年第一次选择后妃，却是由他自己决定的。皇帝选妃是一件大事，而窦太后却在这个关键时候失去了控制力，这还得从汉章帝说起。

章帝十八岁时称帝，建初二年，窦氏姐妹、梁氏姐妹同时被选入宫，和早已入宫的宋氏姐妹一起，成为章帝初年后宫中的六名贵人。窦氏家族在汉明帝刘庄时期，曾同时拥有一公、两侯、三公主、四位二千石大臣，与阴丽华太后的阴氏家族、光武帝刘秀母亲的樊氏家族、郭圣通太后的郭氏家族、马明德太后的马氏家族，合称为四大外戚。窦氏姐妹以振兴家族为目的对章帝百般逢迎，终于在建初三年，大窦氏被册立为皇后。

她和妹妹都没有生子，而宋大贵人生下的皇三子刘庆在建初四年被册立为太子。后来梁贵人生下了刘肇，窦皇后立即宣称刘肇是自己的儿子，然后借"生菟巫蛊"案陷害宋大贵人。建初七年，宋贵人姐妹含冤自杀，小太子刘庆被废为清河王，窦皇后的养子刘肇当上了新任太子。次年，窦皇后暗中派人诬告梁贵人的父亲梁竦谋反。梁竦屈打成招，死在狱中，刘肇生母梁贵人姐妹双双毙命，梁家被尽数流放。

然而，长辈们的恩怨并没有影响到刘庆和新太子刘肇之间的兄弟情谊。章帝虽对宋贵人负心，但是并没有因此影响到他做刘庆的好父亲。他废了刘庆的太子位，但对于刘庆的成长仍然给予了相当的关注：刘庆仍然享有与太子一样的服饰、车马、宫室。

章帝还特地要求他们出则同车，入则共帐，兄弟之间培养出了相当深厚的感情。公元88年，章帝去世，时年仅十岁的刘肇即位，窦皇后晋为皇太后，窦太后的兄弟窦宪得以把持朝政。

窦宪性情暴烈急躁，睚眦必报，动辄对人喊打喊杀。当初窦氏兄妹的父亲窦勋犯法，曾经被韩纡审判定罪，被汉明帝刘庄处斩。因为韩纡已故，窦宪竟派人将韩纡的儿子杀死去祭窦勋之墓。第二个倒大霉的是刘畅。刘畅是东汉王朝的长房侯爵，生得俊俏风流，能说会道。他奔章帝之丧进京与寡嫂窦太后见了面。这一见之后引得窦太后频频召见，两人言笑甚欢，眉来眼去。窦宪怕妹妹将权力交到新欢的手里，派出刺客将正在做鸳鸯梦的刘畅杀了。窦太后追查得知窦宪杀人的动机居然是太后宠信小叔子。她恼羞成怒，立即下令将窦宪幽禁。

窦宪知道闯了大祸，为求自保他请求出击匈奴立功赎罪。窦宪出征大获全胜，终结了延续数百年的汉匈之战，立下了大功，被封为大将军，食邑二万户。窦宪越发骄横跋扈。永元四年，窦宪权欲薰心：为了永保富贵，图谋叛逆。

14岁的和帝觉察了窦宪的不轨，便向异母哥哥、前废太子清河王刘庆求助。刘庆对窦太后一族恨之入骨，当然竭尽全力。在他的策划下，和帝于当年6月25日将窦氏家族一网擒拿。窦家败落，窦太后从此深居宫庭，再不敢过问和帝的任何事情，在孤寂和恐惧中度过了她的余生。永元九年，窦太后去世，和帝生母梁小贵人的堂兄梁禅上书,痛陈刘肇的真实身世。刘肇这才恍然大悟,为冤死十四年的生母以礼改葬,谥"恭怀皇太后",姨妈梁大贵人也同时雪冤,姐妹同葬西陵。同时也为清河王刘庆生母宋贵人平反。总算刘肇不忘多年养育之情,仍然上谥窦太后"章德太后",合葬汉章帝敬陵。

14岁的刘肇除去了窦氏外戚,成了东汉王朝真正的皇帝。然后面临的即为选秀问题,这第一次选秀的两位入选者一位是小阴氏,另一位就是邓绥。

邓绥天姿聪颖,性情柔婉。她的祖母非常喜欢她,对她的一切起居都亲自过问,在她五岁之时,这位太傅夫人还亲自为她剪头发。由于老眼昏花,头发没剪出样子,倒把小孙女的额头给弄伤了。旁边看的人都替她疼,五岁的邓绥却一声不响,仍然全程配合,还显出一副欢喜的模样。事后,婢仆们都问这个孩子:"你难道不痛吗?"邓绥回答道:"怎么会不痛。但奶奶因为爱怜才为我剪发,我如果哭喊,就让奶奶为我伤心难过,我不愿让她伤心,所以才忍耐。"听到的人都为这个孩子的懂事而啧啧称奇,然而对比她的早慧,这只是区区小事而已。邓绥六岁就通读史书,12岁精通儒家经典《诗经》《论语》,她一心读书求学,和兄长们对答,常将饱学的哥哥们都难倒。

由于邓绥聪慧好学,才华超群,家人都称她为"诸生"。父亲邓训更是对女儿异于其他女子的言谈举止暗自称奇,认为她将是儿女中最有前途的，事无巨细都与这个小女孩商量后再行。然而，就在邓绥中选即将入宫的前夕，邓训却一病不起，离开了人世。邓绥遭遇父丧，坚持要守孝尽哀，推迟了进宫的时间。

在三年守孝期间，邓绥严守儒家孝仪。按儒家礼仪，父母之丧是最严酷的"斩衰之丧"，能够完全履行的多半有做超人的潜质。然而，邓绥作为一个13岁的少女，不但一丝不苟地完全履行了严酷的孝子礼，还有超额表现：整整三年居丧期间，她都按照周年之丧的规矩，早晚哭泣、不食盐菜。当三年丧满之时，邓绥已经憔悴不堪，连亲友都认不出她来。守孝期满，邓绥又过起了正常的生活。被三年丧期磨灭姿容的邓绥很快就恢复了她作为青春少女应有的绰约风姿。

转眼间又一次的妃嫔选聘开始了。大约就在这段时间，邓绥做了一个奇怪的梦，梦中她以手抚天，还抬头饮用青天上的钟乳。这奇异的梦境立刻引起邓家人的注意，占梦者曰："昔日帝尧曾经梦见自己攀天而上，商汤也梦见登天而食，这都是千古帝王的先例。做这样的梦前途大吉大利难以言传。"一家人听了这样的回话，顿时喜出望外。为了更有把握，又找来相士专为邓绥看相。结果相士一见邓绥，当场目瞪口呆，连声道："小姐生相乃是成汤之格，有主理天下之份！"

永元七年（公元95年），邓绥的名字再一次列在了入宫的名单中。然而，就在一家人满怀期待的时候，永元八年（公元96年）

的二月，一个意外的消息传到了他们耳朵里：第一批被选入宫的阴贵人，被正式册立为皇后。原来，小阴氏以表妹之亲，又生得美貌聪慧、颇有学识书艺，很得和帝的喜爱，几乎专宠后宫，因此，和帝特地在第二批宫人入宫前夕，将心爱的小阴贵人册立为皇后。这消息令邓家人不知所措，好比被冷水浇过一样。带着家人的极高期望，永元八年冬，16岁的邓绥带着少许失落走进了大汉皇宫。

■ 登后位步步惊心

邓绥身高七尺二寸，姿态优雅，容颜姝丽，美色夺目。是为后宫中当之无愧的第一美人，后宫女子在她面前都黯然失色。和帝心花怒放，立即将邓绥封为仅次于皇后的贵人，入住嘉德宫，二人更是如胶似漆。和帝发现邓绥不仅是美色无双，更有渊博的才学、柔顺守礼的性情，越发割舍不下。他将自己原本都给了表妹阴皇后的热情，逐渐地分转到了邓贵人的身上。

阴皇后当然立即就感觉到了丈夫的变化，她不能忍受和帝如此迅速地移情别恋。小阴氏入宫初期并没有限制和帝对其他宫人的亲近，也因此和帝与其他寻常宫人生下过许多儿女。小阴氏所不能接受的，恐怕是丈夫的心里真正地装了其他人。更何况丈夫的新欢出身高贵不亚于自己。邓绥成了小阴氏的劲敌。和帝似乎也觉得自己有些愧对表妹，在邓绥得宠后将小阴氏的父亲阴纲特别晋封为吴防侯。然而不幸的是，这只是他无法重燃旧情后的折价补偿，对于男女之情，他能够给予小阴氏的却是越来越少。到后来，皇后宫中甚至再也看不见和帝的影子。丈夫来得越少，小阴氏就越恨邓绥，一心只想找到邓绥的过失，动用皇后的权威处治她。

然而，邓绥不但对其他妃嫔都谦逊友善，就连宫中仆役下女，她都温和相对。后宫有好几个皇子都夭折了，邓绥表现得比和帝还要痛心。眼见阴皇后的妒恨一天比一天强烈。她当然知道邓绥多次向和帝推荐宫女的事情，而问题也正在这里：举荐宫女，这样露脸示好的事情，原本应该是皇后的份内工作，却都被邓绥代劳了，可偏偏邓绥严守礼法，从不轻言妄动，阴皇后找不到她任何行为上的纰漏。

一次，邓绥得了病，和帝为示宠爱，特地准许她的母亲和兄弟们进来探视，而且不限时日。这对于一入深宫便隔绝亲情的后宫女子来说，是天大的喜事，然而邓绥却立即敏锐地感觉到这特殊待遇背后可能会隐藏着的祸事，于是她婉言谢绝了，这不能不说她处处小心、深具心机。

每当宫中举行宴会的时候，所有的女人都不愿放过这个在皇帝面前展示美色的机会，她们都会巧加装扮，个个艳光四射、花枝招展。而邓绥在这种时候却总是衣着朴素，从不加多余的新奇妆容佩饰，偶尔衣服颜色与阴皇后相同，她都要立即更换，不敢与皇后略有相似。

小阴氏娇小玲珑，邓绥为了表示谦恭，只要阴皇后在场，她就要竭力掩饰自己修长的身型，偻背弓腰，唯恐显得"高人一头"。和帝如果向后妃们询问什么事情，邓绥也绝不当众抢阴皇后的风头，一定要让阴皇后先发言。邓绥的楚楚可怜是如此明显，就连和帝都有些看不过去，叹息道："修德之劳，乃如是乎！"事实上，后妃之间即使有争宠妒恨的现象，也犯不着这样在形迹上表现出来，而邓绥如此小心谨慎的做法，更是只能用"过分"两个字来形容。看在和帝的眼里，效果当然只有一个：阴皇后恃嫡妻之势，欺凌了自己心爱的女人。于是阴皇后就是浑身长嘴也说不清了。

邓绥能够恪守孝仪，她的天性无疑是有些内向固执但又克己的。然而回想邓绥入宫前的占梦看相，不难想象，她其实是有备而来，带着整个邓氏家族的梦想入宫的。而她作为小阴皇后中表之亲的姨妈，从小玩在一起，打交道也不是一天两天了，和小阴氏彼此之间非常了解。因此，要让人相信她真是诚心诚意地奉事小阴皇后、把小阴氏看成是自己的主人，实在是比较难的事情。在后宫生活日久，她也由内向柔顺一步步向阴忍转变。

小阴氏越来越觉得，表姨妈是在以退为进，将自己一步步逼上绝路。每当邓绥按宫规前来进谒皇后之时，她简直恨不得将这位所谓的姨妈撕成碎片。偏偏邓贵人的脸上永远平静如水，心思却又深不可测，小阴氏一点办法都没有。她不但恨邓绥，更恨透了刘肇。对于她来说，现在刘肇已经不再是当年的恩爱丈夫，而是一个被邓绥迷惑、随时都有可能废掉自己，将自己丢进万丈深渊的危险人物。

永元十三年（公元101年），和帝刘肇忽然患病，甚至到了危殆的地步。小阴氏不但没有为丈夫伤心焦虑，反而认为老天长眼，要在自己还没被赶下皇后宝座之前，收走刘肇的性命了。她多年郁积的愤怒终于等到了发泄的机会，忍不住对自己的亲信密言："皇子年幼，我是皇后，大事自然都将掌握在我的手中。我一旦大权在握，就要对姓邓的大开杀戒，不让邓家再有一个人活在世上！"然而被妒恨烧红了眼睛的小阴氏没有想到，自己信任的贴身宫女，早已经成为邓绥的间谍。这一席话立即就被飞报到了邓绥的耳朵里。

邓绥其实早已知道皇帝假如不起，阴皇后就不会放过自己，她可能早已不止一次想过可怕的结局，但是当阴皇后的毒誓传入耳中时，她仍然被吓住了。于是，嘉德宫里一幕好戏就上演了。

邓绥在自己宫中众多侍丛宫女的面前失声痛哭，对他们说："我竭尽全力侍奉皇后，仍然不能得到她的认可，如今竟获罪到这步田地。虽说女人没有为丈夫从死的义务，但是当年周公祈求替死周王，越姬也愿为丈夫替身。我决定效法古圣先贤，一来可以报答皇上的恩情，二来可以疏解宗族之祸，三来也不致于使皇后像当年吕雉那样制造."人猪."，损害阴家的名声。"说完，她就要当众喝下毒药自尽。嘉德宫里的宫女侍从，怎么肯、又怎么敢让主人在自己眼皮底下死掉。所有的人都拼了命地去阻止邓绥。正在又扯又拉乱成一锅粥的时候,一宫女假说皇上已经转危为安,眼看病愈有望了。邓绥自然也就立刻放下了手里的毒药。

次日,和帝果然痊愈。所有的事情,都被汇报给了和帝,阴皇后的毒辣和邓贵人的可怜,让和帝的精神大受刺激。他再也不顾虑什么旧情亲谊,终于下定了废后的决心。永元十四年四月,有人向皇帝告发说阴皇后与外祖母邓朱合谋巫蛊,对皇帝不利。消息当然得到了和帝的高度重视,他要严查到底。追查的结果是阴氏家族覆没,收缴了阴皇后的玺绶,并将她幽禁在冷宫"桐宫"中。做了七年皇后的小阴氏不能承受如此大的落差,不久在桐宫中死去。

所有的人都知道,下一位皇后肯定是邓绥无疑。然而两家人之间千丝万缕的联系,以及那场瞒不过明眼人的巫蛊之狱,不能不使自幼浸润在儒家教育中的邓绥矛盾重重,这所有的一切虽然是箭在弦上不得不发,但事过之后,她仍然认为自己在这样一场伤及亲眷的大狱之后正位中宫,无论如何也不是什么好名声。一向爱惜羽毛的邓绥为了不成为众矢之的、不让旁人非议自己,在阴氏被废后自称患上重病,避开众人的眼光,闭门不出。然而和帝心意已决。当年十月辛卯,邓绥终于在她21岁的时候,登上了东汉王朝皇后的位置。

■ 开始了女皇生涯

在邓绥做皇后前，各郡国都四处搜刮珍奇宝物向后宫进贡，宫中也以奢华为风尚，百姓不知为此遭了多少罪。邓绥一即后位，就下令取消进贡珍玩的陋习。当然，郡国向帝后进贡是一种必需的礼节，不能完全禁绝，于是她定下规矩，岁贡只收纸墨，其他不能入宫。和帝想要给邓绥的亲人加官晋爵，她也多次推辞，因此在和帝一朝，邓皇后的大哥邓骘只做了个小小的虎贲中郎将。

然而，永元十三年，那场几乎夺去性命的大病，已将和帝的健康摧毁。就在邓绥当皇后的第三年冬，和帝刘肇就驾崩于章德前殿，享年26周岁。24岁的邓绥成了寡妇，也成了东汉王朝的又一位太后。

要做太后，第一个前提就是得有皇帝。然而此时的和帝后宫中并没有一个皇子的身影。朝中的大臣们都面面相觑，不知该如何是好。邓绥却向公卿们宣布了一个惊人的消息：和帝早有皇子只是养在民间。原来，和帝前后有十余名皇子夭折，到后来他自己都开始疑心后宫中另有玄机，有人暗中加害自己的子嗣。但是猜测归猜测，深宫幽暗，怎样追查也查不出个所以然来。和帝终于放弃了追查。再有皇子降生就秘密抱出皇宫寄养民间。邓绥作为最清楚内情的人，立即派人从民间将皇子接回皇宫。

被接回来的皇子有两位，一个是八岁的刘胜，一个是刚满百日的刘隆。按照儒家"嫡长制"的继承法则，刘胜是当然的小皇帝。然而多年来一向表现得循规蹈矩、讲究儒家道义、淡泊名利的邓绥，在这个时候忽然变得让所有的人都不认识她了。

在邓绥看来，刘胜已经八岁，孩子这么大了，自己如何养得亲，只有襁褓中的刘隆，才有可能让自己像当年的马明德皇后那样，养出一个完全只认自己做母亲、认自己的家族做舅家的皇帝。于是，她做出了一个完全违背儒家和皇家习惯的决定：迎立少子刘隆为帝，八岁的哥哥刘胜被封为平原王。即使这样，邓绥仍然觉得不放心。史书上这样形容邓绥的心思：太后以帝幼弱，远虑不虞。对于邓绥来说，"不虞"也许就是刘胜原本在情在理的即位之事。她不能让事情脱离自己的掌握。为了防止这样的意外，她要来一个双保险：万一刘隆当真又重蹈了十几个哥哥的覆辙，那么谁能继位？难道能让刘胜补上？自己已经否认了他一次，他重新做上皇帝并成年掌权后，他和他的亲信以及外戚家族是绝对会大行报复的。延平元年（106年）三月，在举行了和帝的葬礼之后，和帝的四个兄弟：前废太子清河王刘庆、济北王刘寿、河间王刘开、常山王刘章，都要带着家眷返回各自的封国。然而就在他们打算起身的时候，邓太后宣布了一个让人们意外的命令：留下前废太子刘庆的长子、13岁的刘祜。

有了刘祜做后备，邓绥的第二道保险在四月也开始了：大哥邓骘提拔为上蔡侯、车骑将军、待遇等同三公，成为百官之长并掌管兵权；弟弟黄门侍郎邓悝则顶上大哥的空缺为虎贲中郎将，与大哥上下呼应；另两位兄弟邓弘、邓阊都晋封为侍中，成为文官中的首领级人物。

当初邓绥做皇后的时候，主动推辞兄长升官机会的举动到这里已经真相大白：那全是做出来蒙骗皇帝的假象而已。在她做皇后的时候还发生过这样一件事：和帝想要追封邓绥的父亲邓训，三公之一的司空陈宠坚决反对。当时邓绥表现得十分谦恭柔婉，毫无怨言，和帝也仍然坚持追封了邓训。照说事情就应该到此为止。谁知邓绥早已记恨，等到她成为太后，陈家就算是晦气罩了顶。陈宠倒是死得早，他的儿子陈忠却没法摆脱困境。在邓绥摄政期间，无论他如何尽忠职守，都得不到晋升的机会。

所有的准备都做足了，邓绥开始了自己名义上的太后、事实上的女皇生涯。话说回来，除了在选择储君的问题上有私心杂念之外，邓绥实在是勤政爱民的，她忧国忧民的程度，远远超过历史上绝大多数的男性君主。

六月初，37个郡与封国大雨成灾，邓绥当即颁布诏书，削减各种御用衣服车马、珍肴美味和各色奢靡富丽的用品。还下令除了供奉皇陵祠庙以外，不得使用精白米麦，自己以身作则，每日早晚只吃一次肉食。以往太官、汤官的固定费用每年将近二万万钱，也削减至数千万钱。各郡、各封国的贡物，都将数量削减一半以上。宫廷内部也开源节流：上林苑的猎鹰、猎犬全部卖掉；

各地离宫、别馆所储备的存米、干粮、薪柴、木炭，也一律下令减少。六月二十一日，邓绥又再次下诏，遣散了部分宫人，多年来因为刑法严峻而被罚没入宫为奴婢的皇族成员一律免罪，成为自由的平民。

尽管邓绥久居深宫，却早已广泛留意民间的消息，因此在七月十五日她又颁布一道敕令，疾言厉色地对主管官员训斥道："近来水灾为患，然而各地官员为了粉饰太平，求取前途虚名，往往隐瞒灾情，报喜不报忧，明明是作物失收农田毁坏，报成垦田增加；明明是百姓流散，却报成是增加户口；隐瞒辖区内的重大犯罪，使不法之徒得不到惩处；不按规定任免官吏，举荐名不符实的人才．．最终将这些祸害转嫁在百姓身上。而你们这些京官却与地方官员互相包庇勾结，既不知畏天更不知愧疚于人。从现在起，对不法官员的惩罚将加重。你们这些二千石高官必须认真核查百姓所受的伤害，免除他们的赋税。"

在管理宫内事务方面，她也展现出了自己的聪明才智。据说，和帝刚去世的时候，宫中丢失了一箧大珍珠，邓太后认为如果拷打追逼定然会有冤屈，因此特地将有嫌疑的宫人都召到面前来讯问，同时察言观色，果然水落石出。和帝有一个男宠名叫吉成，因和帝最为宠爱，早已招得其他男宠切齿妒恨，于是他们趁着和帝去世的机会，共同诬蔑吉成要对皇帝之死负责，说他行了巫蛊之事。吉成被掖庭拷问之后，果然俯首认罪，证据分明。结果邓绥却起了疑心,认为吉成对和帝一向忠诚,此事不合情理,坚持要亲自核实。终于还了吉成一个清白。后来她还亲自到洛阳寺察勘有无冤狱,一个死囚临去时张口欲言的瞬间就被她看在了眼里,并立即追查出确实是一桩被拷打出来的冤案。

■ 一生辛劳未得善终

就在邓绥施展才华整顿国家和内务的同时,意外发生了。八月初六小皇帝刘隆夭折了。文武众臣都认为应该让八岁的刘胜继承皇位。邓绥却在初八深夜,用已封王的皇子才能坐的青盖车将刘祜接进宫中。第二天,翘首等待刘胜出现的百官没有料到,被仪仗引导上殿的居然是清河王的儿子刘祜。邓绥随即又撰写了册立皇帝的诏命当场宣读。宣布由这位清河王子登上皇帝宝座、邓太后仍临朝摄政。

永初元年(107年),大长秋郑众和中常侍蔡伦两人时常仗势干预朝政。三公之一的周章对此非常不满,几次直言进谏。然而邓太后都不予理睬。周章也明白,邓太后是利用他们来干预一些令她不满的朝臣决议的。周章想起易储的旧恨,越发怒不可遏。于是他开始暗中联络官员,密谋发动政变,拥立平原王刘胜为皇帝。这场政变还未能开始就被扑灭了。周章被迫自杀,被牵连的人数不胜数。

然而令邓绥始料未及的是,随着年龄的增长,她一心保举登基的过继儿子刘祜却越来越不听话,她一心提防的刘胜反倒在永初七年,没有留下子嗣就死去了,年仅15岁。邓绥当初干冒奇险,坚持不立刘胜,无非就是怕他成人后与自己这个嫡母生分,不能让自己和家族永掌大权。可惜的是万万没有料到,刘胜会早离人世。邓太后回想往事,懊悔失落之情溢于言表。于是她开始用另一种方法来弥补自己的庶子。她没有像对待其他无子的亲王那样来个"无子,国除",而是为刘胜过继了一个儿子刘得。谁知刘得也福薄,当了六年亲王也死了,而且又是无子。邓绥在多方比较之后,于永宁元年四月十四日选出了才德貌俱佳的河间王子刘翼,再立为刘胜的后嗣,并且留在宫中多方照顾抚养。

邓绥的用心仅仅是出自对刘胜的补偿、为丈夫多延续一支传承。然而看在安帝刘祜的眼里,却是可怕的隐忧。这时安帝已经27岁了,遵照邓绥的意旨,他册立了邓绥弟弟邓弘的姨妹之女阎姬为皇后,并对阎姬毒杀太子生母的行径不闻不问。然而即使如此听话,邓绥仍然对他十分不满,认为他不足以托付国家大事,坚持不肯将权力交出。安帝的乳母王圣对此深为忧虑,担心正在盛年的邓太后有意废黜养子,这才是她给刘胜屡次过继子嗣的原因所在。王圣经常和宦官李闰、江京一起在安帝的耳边絮叨。安帝本来就心里七上八下,被这么一搅,就更是恐惧,对养母满怀怨恨。

然而安帝总还是个皇帝。皇帝已年将而立,仍然受制于太后,对于这样反常的现象,无论是朝臣还是邓氏家族的成员,都非常不安。但是大多数人都不敢向邓太后提出归政的建议。因为这方面的前车之鉴多如牛毛。

早在邓太后摄政初期,杜根就与另一位郎官共同上书,请求太后归政。结果邓太后没等看完就勃然大怒,下令将两人装入囊中当众打死,然后丢到城外荒野去。邓太后对自己的家族约束是非常严格的,绝不允许他们有任何非分之想,还特地颁布法令,宣布外戚犯法一律严惩,就连自己的亲哥哥邓骘也不例外。准确地说,她从来没有完全把权力交给自己的外戚,而是一直牢牢地掌握在自己的手里。总体来说,在管理家族方面她还是操作得宜的。从另一方面,她也希望能用这种方式,使自己的家族不重蹈从前外戚垮台的悲剧。

在和帝和殇帝刘隆相继去世,王朝内部发生变化的时候,鲜卑、南匈奴及西北方的羌人曾趁机叛乱,以致生灵涂炭。鲜卑和南匈奴的战事倒还算小,羌人却是一个大问题。

邓绥派哥哥邓骘统兵五万出征羌人。谁知邓骘

▲ 古代服饰

没有父亲的能力和威望，打了大败仗，还使羌人一直侵入陕西山西地方。邓骘自觉取胜无望，就听了谒者庞参的意见，上书太后要放弃甘肃，退守陕西山西。满朝公卿囿于邓氏之威，竟"皆以为然"。只有郎中虞诩坚决反对，并竭力向三公之一的太尉张禹进言，张禹终于明白事理，出首坚决反对弃土之举。有了太尉的倡议，果然公卿们都敢于"皆从"了。

邓骘兄弟觉得颜面扫地，便暗箱操作，将虞诩打发到朝歌去。当时朝歌有以宁戚为首的数千人造反，邓氏认为虞诩去朝歌是死定了，就连虞诩的亲朋好友闻讯都很是哀伤。只有虞诩笑着说："这是我的好机会。如果不是遇上盘根错节的问题，怎么能够显示宝剑之利！"果然，虞诩到朝歌之后，没有损伤什么兵力，很轻松地就把叛乱给平定下来了。

正好就在这一年，邓骘和邓绥的母亲阴氏去世了。邓骘治军实在棘手，便向邓太后上书，请求退出军职，为母亲守孝。邓绥并不情愿，不想让军权交到别人手里，但又确实知道哥哥无法取胜，便向自己的老师班昭请教。班昭说："照规矩是应该守孝的，假如您连这都不答应，那日后绝不可能保持住谦让的名誉。"邓绥终于接受了班昭的意见，在几次换将之后，终于在任尚手里将羌人暂时收服。

任尚所用的兵法，都出自虞诩的建议。这消息很快传入邓绥耳中，她就任命虞诩为武都太守，入甘肃平羌，终于取得大胜，并且将荒芜的武都治理得井井有条。然而没过多久，由于任尚与太后之弟邓遵发生争执，自己又立身不谨，而被邓太后处斩。虞诩也随即被找了个小过失免了职。

事实上，这时的邓家已经完全变质。早在一年以前，三公之一的司空袁敞，就因为不肯依附邓氏，失了邓绥的欢心，而被罗织冤狱，最后竟被迫自杀。在这两件事之后，邓绥的另一位堂弟邓康觉得堂姐权欲过重，家族也贵至极处，满则溢，盈则亏，想要劝她及早退步抽身。于是几次三番地向太后上书，请求还权皇帝。奏章递上，却再等不到下文，邓康心中着急，干脆称病不去上朝。邓太后倒还有些亲亲之谊，派一个贴身侍女前去看望。这位侍女原本是邓康家的奴婢，没想到她如今得了太后的宠信，因此趾高气扬地宣称自己是奉旨而来的"中大人"。邓康出来迎接。一看竟是当年唯唯诺诺的奴才，顿时大怒，狠狠地斥责了她一顿。这位中大人跑回宫中就向邓绥进谗言，说邓康装病而且还出言不逊，邈视太后。邓绥立即下传命令，将邓康免官遣返，开除出邓家宗祠。

经过这几桩事情，再也没有谁敢提让邓太后归政的话头。然而邓太后毕竟是个凡人，她不可能是万年不倒的金身。就在处置了邓康的第二年，建光元年春，40岁的邓绥患病不起，很快就在三月十三日离开了人世。

安帝多年来都活在邓太后的阴影下，对她早已由当初的感激转成了怨恨。改朝换代、清理旧势力的工作很快就卓见成效。安帝将邓太后家族大加修理，邓氏家族的灭顶之灾，实在是来得太快太离谱。邓太后一生聪明、大权独揽，然而就像所有被卷进权力旋涡的人一样，她终于无法保障自己身后的变化。

除了因渴望权力而错误地选择储君之外，作为一个政治家的邓绥是高尚的，在她治理国家的近二十年时间里，东汉王朝顺利地度过了天灾人祸不断的十年。她年仅四十岁就去世，与这十年的辛苦有极大的关系。她对安帝的评价也是对的，当她去世之后，安帝果然如她所预料的那样，宠信宦官和外戚，东汉王朝更迅速地走了下坡路。

第三节　长孙无垢：千古一贤后

■ 一对璧人伉俪情深

长孙无垢，长安人，祖先为北魏拓跋氏，父亲长孙晟隋时官至右骁卫将军。母亲是隋朝扬州刺史高敬德的女儿。长孙无垢自幼喜欢读书，生长在官宦之家，自幼接受了一整套正统的教育，形成了知书达理、贤淑温柔、正直善良的品格。长孙氏13岁时便嫁给了当时太原留守李渊的次子、年方17岁的李世民为妻。她年龄虽小，但已能尽行妇道，悉心侍奉公婆，相夫教子，是一个非常称职的小媳妇，深得丈夫和公婆的欢心。

有一次长孙氏回娘家，她舅舅高士廉的一个妾室在她下榻的房舍外看到一匹两丈高的马，鞍勒皆具，神采飞扬。可一转眼，这匹仿佛从天而降的大马就不见了踪影。高士廉于是请术士就此进行占卜，术士为她测完生辰八字就说她："坤载万物，德合无疆，履中居顺，贵不可言！"

李世民少年有为，文武双全，18岁就能单枪匹马突入敌军阵营，救出深陷重围的父亲；20岁便有王者风范，能礼贤下士仗义疏财，广招天下豪杰；21岁随父亲李渊起兵，亲率大军攻下隋都长安，将隋朝送进了坟墓，使李渊登上天子宝座，成为大唐王朝的开国之主——唐高祖。李渊称帝后，李世民因军功被拜为尚书令、右翊卫大将军，进封秦王。长孙无垢随即成为秦王嫡妃，开始了她迈向皇后之位的第一步。

次年长孙无垢生下了她和李世民的第一个孩子李承乾，初为人母的长孙无垢心情是喜悦的，但她的心更多的是牵挂着出征的丈夫。李世民为了稳固唐王朝的江山不得不在战场上与敌厮杀，而他所偏好的孤胆英雄的杀敌方式更是让长孙王妃饱受揪心之苦。不久，李世民凭借卓越的战功获得了高祖李渊的至高奖赏：李世民被封为位于王公之上的"天策上将"、陕东道大行台尚书令，所获赏赐为玉璧一双、黄金六千斤、食邑三万户。他同时得到的，还有金辂一乘、衮冕之服一套、前后部鼓吹及九部之乐、班剑四十人。这已是帝王级的仪仗待遇。

在李世民征战南北期间。长孙王妃紧紧追随着丈夫四处奔波，为他照料生活起居，使李世民在繁忙的战事之余能得到一种清泉般温柔的抚慰，从而使他在作战中更加精神抖擞，所向无敌。

李世民虽非太子，但功劳很大，麾下文臣武将如云。文臣有以杜如晦、房玄龄为首的"十八学士"，武有程咬金、秦叔宝、尉迟敬德等骁勇战将。这一切都看在了太子李建成的眼里，他对李世民的防范也一天强似一天，天策上将府与太子府之间已经势同水火。甚至有人还将状告到了高祖李渊那里，说："秦王恃他大勋，不服居太子之下。"

这时候。长孙无垢肩上的担子就更重了，她竭心尽力地孝顺李渊、恭敬诸嫔妃，尽力弥缝李世民与父亲之间的关系。她还弥合妯娌间的关系，希望借助妯娌间的密切关系缓和李世民兄弟间的紧张气氛。可是她做的这些努力注定不会有结果。在权势面前，亲情和道德显得那么微不足道。很快李建成和弟弟李元吉就对李世民下了最重的一次毒手，他们将天策上将府中李世民的左右亲信和大将调出，准备将李世民除掉。

公元627年，精心策划的玄武门事变爆发，最后的时刻终于到了。李世民召集手下集合，准备和李建成决一死战，在这一紧要关头，长孙无垢抛开了个人得失坚定地和丈夫站在一起。《唐书·后妃列传》："太宗在玄武门，方引将士入宫授甲，后亲慰勉之，左右莫不感激。"可以看出当时长孙无垢并没有置身事外，她和李世民在一起真正做到了同生共死。李世民也固执地把这位柔弱的妻子带在身边，他知道这场军事斗争生死难料，无论是福是祸，他们绝不会有人苟且独生。在刀光剑影中闪动的是这对传奇帝后的真挚爱情和千载不变的誓言。

李世民通过玄武门兵变后，顺利除掉了太子和李元吉，受到兵变威胁的李渊只好立李世民为太子，并命令李世民掌管军国大事，实际上已经把权力交给了李世民。同年八月，李渊以年事已高为由禅位给太子李世民，自己退居太上皇。

■ 坤载万物的长孙皇后

公元627年，李世民登基，是为唐太宗。长孙王妃也随即立为了长孙皇后，应验了卜卦先生说她"坤载万物"的预言。做了至高无上的皇后，长孙氏并不因之而骄矜自傲，她一如既往地保持着贤良恭俭的美德。对于年老赋闲的太上皇李渊，她十分恭敬而细致地侍奉，每日早晚必去请安，时时提醒太上皇身旁的宫女怎样调节他的生活起居，像一个普通的儿媳那样力尽孝道。

对后宫的妃嫔，长孙皇后也非常宽容和顺，她并不一心争得专宠，反而常规劝李世民要公平地对待每一位妃嫔，正因如此，唐太宗的后宫很少出现争风吃醋的韵事，这在历代都是极少有的。也正因为有了长孙皇后的宽容和顺、贤惠大度，李世明在尽情享受多姿多彩的后宫生活的同时，还可以从容处理国家大事。

长孙皇后头脑冷静，遇事有独到而客观的见解，并且善于透过事物的表象抓住事物的本质，这令唐太宗非常折服，也就对她十分器重。每次回到后宫，常与她谈起一些军国大事及赏罚细节；长孙皇后虽然是一个很有见地的女人，但她不愿以自己特殊的身份干预国家大事，她有自己的一套处事原则，认为男女有别，应各司其职，因而她说："牝鸡司晨，终非正道，妇人预闻政事，亦为不祥。"唐太宗却坚持要听她的看法，长孙皇后拗不过，说出了自己经过深思熟虑而得出的见解："居安思危，任贤纳谏。"她提出的是原则，而不愿用细枝末节的建议来束缚皇夫，她十分相信李世民手下那批谋臣贤士的能力。

李世民牢牢地记住了贤妻的"居安思危"与"任贤纳谏"这两句话。当时天下已基本太平，很多武将渐渐开始疏于练武，唐太宗就时常在公务之暇，招集武官们演习射技，名为消遣，实际上是督促武官勤练武艺，并以演习成绩作为他们升迁及奖赏的重要参考。按历朝朝规，一般是除了皇宫守卫及个别功臣外其他人员不许带兵器上朝，以保证皇帝的安全，因此有人提醒唐太宗："众人张弓挟箭在陛下座侧，万一有谁图谋不轨，伤害陛下，岂不是社稷之大难！"李世民却说："朕以赤心待人，何必怀疑自己左右的人。"他任人唯贤，用人不疑的作风，深得手下文武诸臣的拥护，由此属下人人自励，不敢疏怠，就是在太平安定时期也不放松警惕，国家长期兵精马壮，丝毫不怕有外来的侵犯。

关于任贤纳谏一事，唐太宗深受其益，也做得最好。他常对左右说："人要看到自己的容貌，必须借助于明镜；君王要知道自己的过失，必须依靠直言的谏臣。"他手下的大夫魏徵就是一个敢于犯颜直谏的耿直之士。魏徵出于忠心，并不是只挑毛病的人，他对国家大事常常直言不讳，敢于坚持自己的真知灼见，不看皇帝的脸色行事，是什么事，就怎么说。对唐太宗的一些不当行为和政策，也是直截了当地当面指出，并力劝他改正，唐太宗对他又敬又怕，称他是"忠谏之臣"。但有时在一些小事上魏徵也不放过，甚至小题大做，让唐太宗常常觉得面子上过不去。一次，唐太宗心血来潮，带了一大群护卫近臣，要到郊外狩猎。正要出宫门时，迎面遇上了魏徵，魏徵问明了情况，当即对唐太宗进言道："眼下时值仲春。万物萌生，禽兽哺幼，不宜狩猎，还请陛下返宫。"当时唐太宗兴致正浓，一听便不高兴了：我堂堂大唐帝王，富有天下，即便是打了一些哺幼的禽兽，那又如何？于是马鞭一指，请魏徵让到一旁。自己打马向前，坚持出游。魏徵却不肯妥协，干脆跑过来站在路中央，拦住了唐太宗的去路。唐太宗气愤至极，下马气冲冲地返回宫中。

　　唐太宗回宫见到了长孙皇后，独自义愤填膺地说："一定要杀掉魏徵以泄我心头之恨！"长孙皇后问明事情原委后，没有埋怨他，也没有说什么，只是悄悄回到内室，穿上礼服，然后庄重地来到唐太宗面前叩首道："恭贺陛下！贺喜陛下！"唐太宗见了，一头雾水，不知她葫芦里到底卖的什么药，吃惊地问："何事如此隆重？"长孙皇后一本正经地回答："妾闻有明主才有直臣，今魏徵直言，由此可见陛下英明，所以我来恭贺陛下！"唐太宗听了一怔，觉得皇后说的话甚是在理，于是满脸阴云随之而消，魏徵也就得以保住了他的地位和性命。由此可见，长孙皇后不但气度宽宏，而且还有过人的机智。

■ 贤妻良后的典范

长孙皇后辅佐李世民，公正明智地处理方方面面的关系，常常把好处让给别人，把困难留给自己，宁可自己吃亏，也不让别人吃亏。按照现在的说法，就是舍己为人，不谋私利，深得宫中上上下下的敬佩，无形之中拥有了很大的威信和权力。谁都愿意听从她的安排，甚至感觉听她的话、按照她的安排办事是一种荣耀。长孙皇后与唐太宗的长子李承乾自幼便被立为太子，由他的乳母遂安夫人总管太子东宫的日常用度。当时宫中实行节俭开支的制度，太子宫中也不例外，费用十分紧凑。遂安夫人时常在长孙皇后面前嘀咕，说什么"太子贵为未来君王，理应受天下之供养，然而现在用度捉襟见肘，一应器物都很寒酸"，因而屡次要求增加费用。但长孙皇后并不因为是自己的爱子就网开一面，她说："身为储君，来日方长，所患者德不立而名不扬，何患器物之短缺与用度之不足啊！"贞观盛世的形成，与太宗和皇后力持节俭政策是分不开的，在这方面，长孙皇后为天下人做出了表率。

在历代外戚中，有许多是凭着裙带关系而飞黄腾达的，但最后的结局往往是爬得高跌得狠，被流放监禁、满门抄斩者屡见不鲜。长孙无忌是长孙皇后的哥哥，文武双全，早年即与李世民是至交，并辅佐李世民赢取天下，立下了卓卓功勋，本应位居高官，但因为他的皇后妹妹，反而处处避嫌，以免给别人留下话柄。

唐太宗原想让长孙无忌担任宰相，长孙皇后却奏称："妾既然已托身皇宫，位极至尊，实在不愿意兄弟再布列朝廷，以成一家之象，汉代吕后之行可作前车之鉴。万望圣明，不要以妾兄为宰相！"唐太宗不想听从，他觉得让长孙无忌任宰相凭的是他的功勋与才干，完全可以"任人不避亲疏，唯才是用"。而长孙无忌也很顾忌妹妹的关系，不愿意位极人臣。万不得已，唐太宗只好让他做开府仪同三司，位置清高而不实际掌管政事，长孙无忌仍要推辞，理由是"臣为外戚，任臣为高官，恐天下人说陛下为私"。唐太宗正色道："朕为官择人。唯才是用，如果无才，虽亲不用，襄邑王神符是例子；如果有才，虽仇不避，魏徵是例子。今日之举，并非私亲也。"长孙无忌这才答应下来，这兄妹两人都是那种清廉无私的高洁之人。

长孙皇后虽然以不重用娘家人为原则，也有例外的时候。她有一个同父异母的哥哥长孙安业，酗酒无赖，长孙皇后父亲死的时候，长孙皇后和哥哥长孙无忌还很小，安业竟然把兄妹两人撵回舅舅家，不让两人回家。长孙无垢当上皇后后，并不记恨，反而求太宗照顾他。太宗便任命安业为监门将军。后来安业参与了刘德裕造反的事，太宗要杀安业。长孙皇后在太宗面前叩头流泪为安业求情，她说："安业的罪过当然该死，不在赦免之列。可是天下人都知道他对我不好，陛下要杀他，众人还以为是我借陛下的手杀害自己的兄长，对陛下的名誉有损。"太宗无奈，只得法外施恩，将安业免去死罪。

唐太宗和长孙皇后膝下有一女长乐公主，被视为掌上明珠，从小养尊处优，是一个娇贵的金枝玉叶。将出嫁时，所配嫁妆要比永嘉公主加倍。永嘉公主是唐太宗的姐姐，正逢唐初百业待兴之际出嫁，嫁妆因而比较简朴，长乐公主出嫁时已值贞观盛世，国力强盛，唐太宗要求增添些嫁妆本不过分。但魏徵听说了此事，上朝时谏道："长乐公主之礼若过于永嘉公主，于情于理皆不合，长幼有序。规制有定，还望陛下不要授人话柄！"唐太宗本来对这番话不以为然。时代不同，情况有变，未必就非要死守陈规。回宫后，唐太宗随口把魏徵的话告诉了长孙皇后，长孙皇后却对此十分重视，她称赞道："常闻陛下礼重魏徵，殊未知其故；今闻其谏言，实乃引礼义抑人主之私情，乃知真社稷之臣也。妾与陛下结发为夫妇，情深意重，仍恐陛下高位，每言必先察陛下颜色，不敢轻易冒犯；魏徵以人臣之疏远，能抗言如此，实为难得，陛下不可不从啊。"于是，在长孙皇后的操持下，长乐公主带着不甚丰厚的嫁妆高高兴兴地出嫁了。

长孙皇后不仅是口头上称赞魏

▲ 唐太宗像

徵，而且还派中使赐给魏徵绢四百匹、钱四百缗，并传口讯说："闻公正直，如今见之，故以相赏；公宜常秉此心，不要转移。"魏徵得到长孙皇后的支持和鼓励，更加尽忠尽力，经常在朝廷上犯颜直谏，丝毫不怕得罪皇帝和重臣。也正因为有他这样一位赤胆忠心的谏臣，才使唐太宗避免了许多过失，成为一位圣明君王，说到底，这中间实际上还有长孙皇后的一份功劳。

贞观八年，长孙皇后随唐太宗巡幸九成宫。一天夜里出现了紧急状况，有人报告说侍卫中发生了兵变。太宗自己手持武器，出来巡视，长孙皇后害怕太宗遇到危险，自己挡在太宗面前。虽然有惊无险，但她身体本来不好，受了惊吓，又感染风寒，引动了旧日疾患，病情日渐加重。

太子承乾请求以大赦囚徒并将他们送入道观来为母后祈福祛疾，群臣感念皇后盛德都随声附和，就连耿直的魏徵也没有提出异议；但长孙皇后自己坚决反对，她说："死生有命，富贵在天，非人力所能左右。若修福可以延寿，吾向来不做恶事；若行善无效，那么求福何用？赦免囚徒是国家大事，道观也是清静之地，不必因为我而搅扰，何必因我一妇人，而乱天下之法度！"她深明大义，终生不为自己而影响国事，众人听了都感动得落下了眼泪。唐太宗也只好依照她的意思而作罢。

长孙皇后的病拖了两年时间，终于在贞观十年盛暑中崩逝于立政殿，享年仅三十六岁。弥留之际尚殷殷嘱咐唐太宗善待贤臣，不要让外戚位居显要；并请求死后薄葬，一切从简。

唐太宗并没有完全按照长孙皇后的意思办理后事，他下令建筑了昭陵，气势十分雄伟宏大，并在墓园中特意修了一座楼台，以便皇后的英魂随时凭高远眺。这位圣明的皇帝想以这种方式来表达自己对贤妻的敬慕和怀念。长孙皇后以她的贤淑的品性和无私的行为，不仅赢得了唐太宗及宫内外知情人士的敬仰，而且为后世树立了贤妻良后的典范，到了高宗时，尊她为"文德顺圣皇后"。

第四节　马秀英：从孤女到母仪天下

■ 患难夫妻情

马皇后，名秀英，安徽凤阳宿县人，濠州红巾军郭子兴的养女。至正十二年（1352年），郭子兴将其许配给部将朱元璋。明史上称她仁慈有智鉴，好书史。明朝建立后，朱元璋册封她为皇后，对她非常信赖，多次听从她的意见宽免大臣过错。因此有人将她与唐代的贤后长孙皇后相提并论。马皇后是明朝开国皇帝朱元璋的原配妻子，据说有一对大脚。农村的姑娘，大脚便于干活，时逢元末乱世，大脚又便于逃乱。

马皇后自幼丧父母，被红巾军头领郭子兴收养。后来，朱元璋投奔郭子兴的帐下，造反闹革命。明史上说他长得"姿貌雄杰，奇骨贯顶。志意廓然，人莫能测"。长得如何奇特，我们不得而知，反正是吓了郭子兴一跳，但一想这样的人物在战场上能"长自家威风，灭敌人志气"，遂收为亲兵。后来，因朱元璋作战勇敢，屡战屡胜，郭子兴认为他是个人才，便将闺女马秀英嫁于他。

史书上说马皇后"有智鉴，好书史"，这就说明她是个有才华的女子。当年，在农民起义军中，自然是个不可多得的"宝"。马皇后对战争的本质有着深刻的认识，曾不断提示夫君，定天下要以德服人，而非"杀人为本"。

这些事情给朱元璋留下很深的印象。后来，他做了皇帝，不忘夫妻患难之情，将马皇后扶上正位，还经常在大臣面前回忆往事，说那一段峥嵘岁月可与汉光武帝刘秀未成事时与部下在河北饶阳滹沱河畔芜蒌亭吃麦饭、喝豆粥的典故相比，并夸赞马皇后的贤德可与唐太宗的长孙皇后相媲美。后来他把这些话讲给马皇后听，马皇后趁机委婉进谏，劝他善待大臣。她说："我听说夫妇互相扶助比较容易，君臣互相扶助就难了。陛下既然能不忘与我共同度过的贫贱岁月，但愿也能不忘与您的臣下共同度过的艰难岁月。况且我又怎敢与长孙皇后相比呢？"

■ 仁厚道德就是爱

马皇后做了第一夫人后，特别勤于内治。在内宫的治理工作上"讲求古训"，并注意借鉴前朝的经验。她觉得宋朝有许多贤惠的皇后，便命女史摘录她们的家法，经常翻阅查看。有人说，宋朝的皇后太过仁厚了吧？马皇后反问道："过于仁厚有何不好？总要比刻薄好吧？"

又有一天，她问女史道："汉朝的窦太后为什么那么喜欢黄老之学呢？"女史说："清净无为为本。若绝仁弃义，民复教慈，是其教矣。"马皇后据此叹道："孝慈即仁义也，讵有绝仁义而为孝慈者哉？"其实马皇后大谈仁义之道是别有用心的。因为她深知她丈夫禀性严峻，刚愎自用，当了皇帝以后一直疑神疑鬼，对大臣总是刻薄寡恩，完全不把人命当一回事，所以她期望以这样的方式提醒丈夫要宽待臣民。

朱元璋脾气很坏，在朝廷常常拿大臣撒气。回到后宫，他也常看这个不顺眼，看那个不顺眼。每当他发飙的时候，马皇后也会装作发怒的样子，然后命令将其移交司法机关处理。事后朱元璋问老婆为什么要这样做？马皇后意味深长地说："皇帝不能因为自己一时高兴或生气就给人奖赏或惩罚。当陛下生气的时候，恐怕会给予过重的惩罚。把他们交给司法机关，就能作出公正的判决了。陛下今后要定某人的罪，还是应该移交司法机关的。"

当然，马皇后也深知行动是最好的榜样。她把仁厚道德总结成一个字，那就是爱。为了让丈夫明白什么叫爱，她做了许多细致有效的感化工作。她爱自己的老公。她深知要温暖一个男人的心，首先应温暖他的胃。因此关于领袖的饮食问题，她一直作为工作的重中之重，每次都要亲自去御膳房"躬自省视"。她也爱别人的孩子。马皇后克服了女人的嫉妒心，对于妃嫔宫人，如有因被皇帝宠爱而生下孩子的，她都非常厚待，并"命妇入朝，待之如家人礼之"。她还爱天下的百姓。这方面，马皇后主要是在勤俭持家方面狠下工夫、大做文章。她以身作则，平常穿的衣服，洗了又洗，早已破旧不堪，也不愿换新的。后来听了元世祖的察必皇后煮弓弦织帛衣的故事，大受启发，又捡起年轻时的手艺，命人在后宫架起织布机，亲自织些绸衣料、缎被面，然后以皇家献爱心的名义赐给那些年纪大的孤寡老人。而剩余的布料，马皇后则裁成衣裳，赐给王妃公主，让她们知道"天桑艰难"，老百姓不容易。

■ 怀德不能忘

马皇后不怕朱元璋的坏脾气，并敢理直气壮地"吹耳边风"。众所周知，朱元璋不喜欢女人干政，他认为"后妃虽母仪天下，然不可使干政事"，因为"宠之太过，则骄恣犯分，上下失序"，因此还特地命人纂述《女诫》，以示警诫。但马皇后是个例外。

有一次，马皇后问朱元璋道："如今天下老百姓安居乐业了吗？"朱元璋不高兴地回答："这不是你应该问的。"马皇后振振有词地回敬道："陛下是天下之父，妾辱为天下之母，那么子民们的安康，为何不能问？"

在殿前开国务办公会议，朱元璋很容易就暴跳如雷，大发脾气。而发起脾气来，常会要了对方的脑袋。他太过刚愎自用，许多事情不调查，也不研究，盛怒之下就会大开杀戒。马皇后虽然做了不少教化工作，可就是感化不了他。他是皇帝，可以为所欲为，从不改变他的思考方法和处事原则。对此，马皇后只能尽最大努力，想着办法劝他。好在马皇后的话他还能听入耳，因此也救了不少性命。

有一次。一名叫郭景祥的封疆大吏镇守和州，有人揭发说郭景祥的儿子手持长枪要杀父亲。朱元璋大怒，当场表示要处死这个逆子。马皇后说："郭景祥只有一个儿子，传言也许不可靠，杀了他的儿子恐怕就断了郭景祥的后代了。"后来朱元璋派人调查，果然是谣言。

还有一次。大学士宋濂因为孙慎一案受到牵连。逮捕入狱后，按案情严重程度当斩。皇后闻其贤，不忍让他这样无辜死去，便对皇帝说："老百姓家都知道为子孙而宽待老师，以求礼教有始有终，你是天子，岂能没有这样的见识和肚量？何况宋濂年纪一大把了，退休在家，肯定是不知情的。"朱元璋正在气头上，根本听不进去。过了一会儿，皇后伺候他用餐，但不上酒肉，皇帝问何故。马皇后说："我是为宋先生做福事呀。"皇帝听了心里一动，恻隐之心顿生，放下筷子饭都不吃了。第二天终于想通了，赦免了宋濂，将其安置到茂州。

另一个关于马皇后贤德的有名故事，与安徽的大商人沈万三有关。当时，沈万三富可敌国。有"财神爷"之称。朱元璋看他有钱，就想诈他一笔，让他为建造南京城墙出点银子。沈万三财大气粗，竟把城墙工程费用的三分之一包下来。后来，沈万三意犹未尽，或是想拍朱皇帝的马屁，又主动提出为朝廷犒军。没想到马屁拍到马腿上，朱元璋一听大怒："小小匹夫竟想犒劳天子的军队，贼心不小，乱民呀，该杀！"马皇后觉得不妥，一个势利商人，只是有些不知天高地厚罢了，罪不至死。所以就劝道："妾闻法者，诛不法也，非以诛不祥。民富敌国，民自不祥。不祥之民，天将灾之，陛下何诛焉！"皇帝一听，有理，便改变想法，把这个倒霉的商人发配到山高水远的云南去了。

马皇后身为女知识分子，除了仁慈宽厚之外，还有更深刻的一面。明朝将领攻克了元朝

▲ 马秀英像

的首都后，把缴获的金宝美玉送回南京。朱元璋看到这些宝物喜形于色，马皇后却在一边泼凉水："元朝有这些财宝却不能保住国家，我想，大概真正的帝王们另有其他宝物吧？"朱元璋一愣，沉思片刻，说："我懂了，皇后的意思是人才是宝。"马皇后接着说："陛下说得对。"

"我与陛下从贫贱出身而能有今天，我常担心骄横纵恣由奢侈而生，国家危亡皆细小之处而起，所以希望广召人才以共同治理天下。"马皇后接着又说："法屡更必弊，法弊则奸生；民数扰必困，民困则乱生。"皇帝一听，真是至理名言呀，马上叫来女史录入史册。

洪武十五年（1382年）八月，历尽磨难，殚尽心力的马皇后也染上了重病。试治无效后，她坚持不肯再服药，明太祖苦苦劝求，她则说："生死有命，我病已不治，服药何用！"躺在病榻上，她念念不忘地反复叮嘱皇夫："愿陛下求贤纳谏，慎终如始，子孙宜贤，臣民得所！"然后，又把诸位王子公主叫到身边来，嘱咐说："生长富贵之中，当知蚕桑耕作之不易，当为天地惜物，且为生民惜福！"走到了生命的最后一刻，她仍然不忘以她的贤德影响着她的丈夫和子女，为着国家操心不已。不久，马皇后溘然长逝，享年51岁，匆匆走完了她从孤女到母仪天下的一生。

明太祖失去了同甘共苦的结发妻子，也失去了他得力的助手，悲痛之情，无以言表。

为了永远追念可敬可爱的马皇后，明太祖竟然决定不再立后。后宫宫人也十分感念马皇后的贤德，特地作了一首歌来纪念这位贤淑仁慈的皇后，歌词是这样的：我后圣慈，化行家邦；抚我育我，怀德难忘。怀德难忘，于万斯年；毖彼泉下，悠悠苍天。

后宫生活最新揭秘

巍巍清廷屹立二百六十八年，素有"六宫粉黛"、"后宫佳丽"之称的宫廷妃嫔们，生活状况究竟有何神秘？高大宫墙里面的神秘世界中，妃嫔们的衣食起居、言谈举止，真如某些宫廷剧中所说的那样吗？

对长寿的追求，让深居禁宫大内的妃嫔们更多了一份对祥瑞的祈祷。但是，由于久居深宫，寂寞孤独，加之平素缺少身体锻炼，她们多数弱不禁风，有的甚至久病缠身。她们长年以丸药为伍，汤剂相伴。清宫的御药房珍藏着大量的妃嫔用药底方及药材药具，它们为后人了解清代后妃们疗疾养生提供了翔实的佐证。除此之外，故宫院藏的宫廷药方中，还有安胎、补肾、理气、活血、健脾等内容的药方，不过这些从未公开过，更谈不上合理开发利用。

有诗云："粉妆宜面玉搔头，深锁春光一院愁"。事实上，在闲瑕之时，妃嫔们只能对镜贴黄，调脂弄粉；或穿针引线，细绣荷包；或手揉核桃，养神入定；或围聚一桌，博弈打牌；或手持烟袋，吞云吐雾；或丹青绘事，怡情自乐。就是上述这些，为妃嫔们打发着漫长寂寞的时光。

作为陪侍帝王左右的特殊群体，妃嫔过的是养尊处优、锦衣玉食的寄生生活，在其各类生活开销中，仅衣服首饰这一项便是名目繁多，妃嫔的服饰包括袍、褂、裙、氅衣、坎肩以及冠、钿、偏方、头簪、流苏、手镯、指甲套、耳坠、戒指、鞋等各种穿戴用物，无一不是珠光宝气，极尽奢华。瑾妃生活原状展位于永和宫后殿的同顺斋中，瑾妃于光绪十四年（1888年）十月入宫后就一直居住在永和宫后殿的同顺斋里，至今，这里还保留了当年瑾妃生活的原状，如同顺斋西暖阁里的瑾妃入宫时的龙凤双喜喜床，同顺斋东暖阁里瑾妃亲手写的贴落、对联等，无不向世人展示了这位晚清王妃的生活侧影。

第四章
皇后乱政祸宫闱

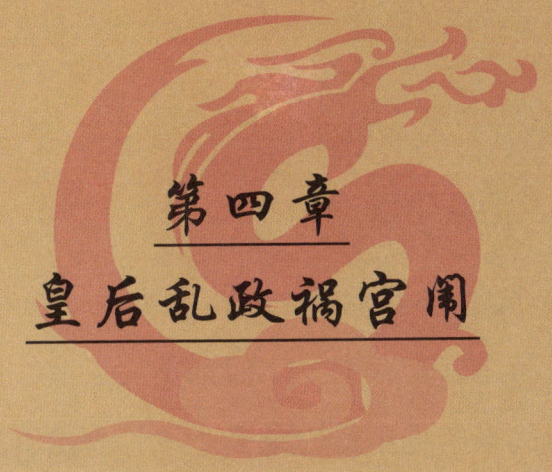

　　历史上有贤德的皇后,当然也有祸乱朝纲的皇后。她们阴险、毒辣、自私,作为一国之母却走上不归歧路——专权聚利,祸国害民,被后世人唾骂。

第一节　刘氏：姿色绝众，好兴利聚财

■ 贪权牟利，拒认生身之父

本文说的刘氏，本是后唐庄宗李存勖的母亲养的一歌舞之伎。众所周知，后唐庄宗李存勖少年时期英武果敢，虽有才略，但极好玩乐。作为父亲李克用最为宠爱之子，当然有经常出入掖庭的权利。于掖庭中，与刘氏有一面之缘，但此后竟对刘氏情爱陡生。在被封为晋王之后，李存勖就向母亲求娶刘氏，母亲很快就把刘氏送给了李存勖。

不久，刘氏便为李存勖诞下一子——李继岌，李存勖见儿子的相貌性格与自己非常相像，对刘氏就更加宠爱了。

刘氏的内心渐渐产生了对后位的渴求。但她出身低微，无法与其他两位出身名门的夫人比肩。正当刘氏为此事苦恼之时，失散多年的父亲却找上门来，思女心切的父亲无论如何也想不到，自己的亲生女儿会残忍地将他赶出去。

庄宗听闻有人自称是刘氏的生父，便请进宫与刘氏相见，还派人找来当年抢掠刘氏的将校袁建丰辨认，希望证实这位失散多年的岳父，以便让其与刘氏相认。经袁建丰辨认之后，认为此人便是刘氏的生父，李存勖为此非常高兴，立即派人去报告刘夫人这个好消息。刘氏因为很小就离开了父亲，对于生父的模样，刘氏早已忘记，但既然已经袁建丰辨认过了，生父定然确定无疑。其实，刘氏心里是非常想与父亲相认的，但适逢她与韩氏夫人争夺后位，而她已夸耀自己出身高贵。在李存勖建立后唐时，就欲立刘氏为后，但其母曹太夫人认为她出身低微，不太合适，李存勖这个孝子便服从了。对此刘氏早已心知肚明。因此，现在如果认下这个没钱没权的父亲，自己已经出口的话岂不是不攻自破。皇后之位岂不就随之成了泡影了。经过权衡其中的利弊，刘氏决定拒认生父。

刘氏即刻前去见李存勖，上言道："臣妾当年离开家乡之时，父亲已不幸死于战乱。我清楚地记得，当时我还曾抱着父亲的尸首痛哭。现在，臣妾何来生父？这又是从哪里来的农家老翁，敢胡乱冒认？定是前来敲诈赚取富贵的蛮人。陛下，您还记得大唐德宗年间那个冒充沈太后的高氏女子吗？"

李存勖听出了她的话中的道理，他定然不会想到拒认生父的不孝之事，何况他又对刘氏宠爱有加。刘氏见李存勖相信了自己所说的话，便让侍卫将她可怜的父亲打了一顿板子逐了出去。老人气得昏了过去，醒来之后号啕大哭，从此再也没有了消息。刘氏逼走生父，足见其心狠手辣。

然而，李存勖对刘氏拒认生父一事也心存疑虑。为进一步探明虚实，他便发挥自己演戏化装的特长，扮成一个老者，他素来就喜欢与伶人一起演戏，为此还有个艺名——"李天下"。他身上背着个蓍草袋子，让儿子继岌戴着顶破草帽跟在后边身后，俨然是一个当年刘氏父亲行医占卜的桥段。刘氏正在午睡，儿子继岌便悄悄走到她的床前，大声说刘衙推（刘氏之父）寻访女儿来了。刘氏惊醒之后发现是儿子和丈夫乔装改扮来戏弄自己，不由大怒，拿起板子来就打儿子，李存勖赶忙劝止，告诉她这不过是开开玩笑而已。此时，刘氏又趁机哭闹一番，李存勖好言相劝这才罢休。自此，李存勖就再也不追究刘氏生父之事了。

为争取后位，刘氏可谓费劲了心机。她知道立后是天下大事，必须征得权臣支持才行，于是她私下让心腹去拉拢宰相豆卢革与手握军权的枢密使郭崇韬。

这豆卢革本也是圆滑之人，尤善见风使舵，早就有巴结李存勖宠爱的刘氏的心。他见刘氏主动上门攀附，便满口应允，表示愿助刘氏登上后位。但刘氏拉拢郭崇韬时并没有那么顺利，郭崇韬为人耿直，开始并不愿意支持刘氏做皇后，并且立场坚定。但是，由于当时郭崇韬憎恨宦官当权，言谈之中又常对宦官露出不敬之词，因此招致宦官们的不满。李存勖对郭崇韬也逐渐产生猜疑，言语之间显出自己的种种不信任。郭崇韬内心惶惑不安，也在苦心谋求良计消灾避祸。他的一位部将见刘氏主动拉拢，便对郭崇韬说:"陛下最宠刘氏,立刘氏为后是早晚之事,大人不如先行向陛下奏请册立刘氏为正宫皇后,陛下必然会感激你的,而刘皇后也会记得你的恩德。有了刘氏的支持,宦官也就无法再加害你了。"郭崇韬听从了这个部将的建议,次日便联合豆卢革等大臣上奏皇帝,请立刘氏为皇后。李存勖确实满心欢喜,他也正有此意,刘氏遂登后位,并封韩氏为贵妃,伊氏为德妃。

李存勖灭掉后梁后便开始纵酒逸乐,与先前的他判若两人。原本刘皇后就能歌善舞,李存勖又喜欢与伶人化装演戏,正好夫妻一同玩乐于宫中。再加上刘皇后志满意得,比先前更加骄横。

刘皇后非常狡猾,善于体察李存勖的想法,可也十分凶悍并且嫉妒心很强,李存勖对她是又爱又怕。曾有一个妃子,李存勖很是宠爱,还生过孩子,刘皇后很担心她会影响自己的地位。于是便醋意大发,欲除之而后快。刘皇后闻听此言,一次李存勖在皇宫里设宴,宠臣元行钦(也是后梁的降将,曾赐名李绍荣)在座。李存勖知道他妻子刚死,随口说要帮他再娶一个,刘皇后便趁机让人唤来李存勖正宠爱的那个妃子,对李存勖说:"陛下就将她赐给李将军为妻吧。"不等李存勖表态,刘皇后便让李绍荣向李存勖跪拜谢恩,然后让人将这个妃子先送到了李绍荣的府上。

■ 贪财吝啬,误国害己

登上后位之后,刘氏把权力当作牟取个人利益的工具。刘皇后以贪婪吝啬而出名，税收本应收入国库，刘皇后则将税收一分为二，一半进入国库，一半归后宫。由于李存勖连年征战，军队人数众多，消耗太大，国库空虚，但后宫之中财物堆积如山，却不拿出来用。刘皇后占有内府库无数财宝还不满足，为了更多、更直接地聚敛钱财，她还派人经商贩卖物品，从中渔利，成了一个不务正业的商人皇后，这在历史上极为罕见。刘氏为了多销商品，竟将干鲜果品以自己的名字命名出售，这在当今商品社会里不足为怪，但在当时的封建时代就严重违背了礼教的要求，更何况又是一个皇后。

　　为贪财，刘皇后可谓无所不用其极，她还曾认大臣张全义为义父，后梁被后唐灭掉后，张全义归降后唐。李存勖进驻洛阳后，经常带刘皇后去张全义家游玩吃喝。张全义是当时的豪富之家，每次李存勖夫妇来时他都尽心尽力伺候，山珍海味与美酒摆满宴席，饭后又拿出金银玉器奇巧珍宝送给他们。刘皇后便向李存勖说："妾幼小时候遭遇战乱，不幸失去父母，常感到孤寂伤感，现在张公对我们这么好，妾很想拜他做义父。"李存勖当场便同意了，刘皇后行过礼后，张全义又命人拿出大量珍宝作为给义女的见面礼。此后，刘皇后不但可以名正言顺地到张全义这个义父家去享乐，还能常收到张全义的贵重礼物，无形中又多了一条生财捷径。而张全义也是善于察言观色之人，有此良机哪肯放过，每遇节日便命人送礼入宫给刘皇后。同样，有了刘皇后这个义女撑腰，也就从根本上保住了自己的权势和富贵。

刘皇后不仅贪财乱国，还直接干预朝政，妄杀大臣。郭崇韬本来对她做皇后出过力，但后来郭崇韬领兵平定四川地区之后，一些宦官因捞不到油水，便向刘皇后诬陷郭崇韬独吞四川财物，还想自立谋反。刘皇后不分是非，在李存勖听信谗言派人前去调查郭崇韬时，竟向使者下了诛杀令，将国家栋梁毁掉了。

刘皇后和李存勖的倒行逆施促使危机最后爆发，由于士卒们没有粮食吃，有的竟出卖自己的妻子儿女，或者到山里挖野菜充饥，甚至在半路上常常有饿死的。军队中怨声四起，而李存勖还沉迷于打猎，刘皇后更在钱眼里醉生梦死，不知死亡之神已向她招手。

刘皇后枉杀郭崇韬，李存勖放任不管，自己又猜疑并杀掉了功臣朱友谦全家，使得将领们人人自危，先是四川大乱，其后，李存勖不准镇守瓦桥关期满的魏博士兵回本乡，又激起兵变。李存勖先派元行钦镇压，结果被打败。只好派平时就猜疑的李嗣源去，最后李嗣源也与兵变将士合为一处，杀回洛阳。李存勖死于

洛阳兵变中，临死时叫刘皇后来侍候，刘皇后只派人送去酪浆，李存勖刚喝下一杯便一命呜呼了。

得知李存勖死后，刘皇后并未前去探视，反而收拾金银细软，与李存勖的弟弟李存渥在骑兵保护下逃出宫门，想到晋阳暂时躲避。路上，刘皇后为求保护竟和李存渥通奸共寝，到了晋阳城下，守将恨其素来贪婪不爱护将士，不肯开城门收留。后来，李存渥被部下杀死。刘皇后走投无路，只好取出一些钱财建了座尼姑庵，而自己当了尼姑。

李嗣源听说刘皇后逃到晋阳当了尼姑后，并不打算放过这个昔日的误国皇后，于是赐其自缢而死。这位贪图富贵不认生父的刘皇后从此结束了自己吝啬而又残忍的一生。贪财为了享乐，但她却没想到贪财也会让人丧命。水能载舟也能覆舟，钱财更是如此，它能使人富贵，也能使人堕落甚至送掉性命。

丑恶凶残的贾南风

贾南风，小名䢼，生于太平元年（256年）。是平阳襄陵（今山西临汾西南）人，父亲贾充为司马昭杀死魏帝曹髦、篡夺帝位立了汗马功劳，受到宠信，执掌大权。司马炎被封为晋王太子，乃至当上晋帝，都与贾充在司马昭面前竭力推崇密不可分。

司马炎共有26个儿子。其中长子司马轨和次子司马衷均为杨皇后所生，长子早已夭折。由于封建王朝传统制度，于泰始三年（267年）三月，立9岁的白痴儿子司马衷为太子。转瞬之间，又到了武帝和杨艳皇后择立太子的时候了。泰始七年（271年），鲜卑部落首长秃发树机入侵，司马炎万分忧虑。推荐贾充前去镇压，以便把他排挤出朝。这年七月，司马炎任命贾充前去镇压安抚。贾充无法推辞，忧心如焚。直拖到十一月，才准备启程。临行前，贾充向荀勖求救。荀勖想出了一个办法，就是把贾充之女嫁给太子司马衷为妃。并说，如能成就此事，武帝自然会将贾充留下。贾充听了此话，加以荀勖又自告奋勇，便设法促成这门亲事。

司马炎本打算娶卫瓘的女儿为太子妃。经杨艳再三争辩后，司马炎仍不同意娶贾女为太子妃。因杨艳一再固执己见，荀𫖮、荀勖等贾充的死党，为了将贾充留在京师，也极力鼓吹贾女美丽贤淑。终于司马炎做出让步，决定娶贾充的女儿为太子妃。

太熙元年（290）四月，武帝司马炎去逝。太子司马衷继位，是为惠帝，尊皇后杨芷为皇太后，贾南风被封为皇后。

贾南风虽说总算是被封为皇后，但仍惴惴不安，一心想从杨氏手中夺取大权。之后杨芷之父杨骏也知贾后有所畏忌。早在武帝司马炎辞世之前，杨骏为了保住大权，多树亲党，让他的党羽统领中央禁军。为了取悦于众，他大肆封赏，因其为政严酷，反而引起了朝臣的不满。尤其是他排斥汝南王司马等辅政，引起了朝臣上下的一致反对。于是，贾后隔崖观火，伺机而动。杨骏对殿中郎孟观、李肇一向态度傲慢。贾南风遂利用二人与杨骏的矛盾，密命他们设法诛杀杨骏，废除太后杨芷。

孟观、李肇在贾后的指使下，永平三年（291年）三月八日，向惠帝司马衷上奏，诬称杨骏谋反；惠帝深夜下昭，洛阳城内外全部戒严，撤销杨骏所有官职。又下令东安公司马繇率金殿禁卫军400人，向杨骏发动攻击；派楚王司马玮驻防宫门；任命淮南相刘颂为三公尚书，率军保护金殿。懦弱胆小的杨骏得到消息后，优柔寡断，亲信们见状四散逃去。

皇太后杨芷获悉后，万分焦急，急忙写了一封信称："救太傅者有赏。"射出城外，信被贾南风的侦探拾到，贾南风马上把书信公布于众，算是太后与其父共同谋反的物证。又命弓箭手在附近交叉射击。杨骏见状，惊慌失措，逃到马厩里躲藏、党羽当晚即杀戮数千人，并灭其三族。

贾南风借惠帝之名，三月九日，令后军将军荀悝押送皇太后杨芷到永宁宫幽禁，以便借机将其置诸死地。但这时杨芷仍是皇太后，贾南风不便骤下毒手。经过朝臣的激烈辩论，贾氏一派占了上风，杨芷被废为庶人。随后，贾南风又指使爪牙一表，说杨骏妻庞氏必知其夫谋反内情，现在太后已因同罪废庶人；特请将庞氏正法。惠帝司马衷于是遵此下昭。最后，当庞氏被斩，杨芷断炊断饮，终于在元康元年（292年）被活活饿死。杨氏三族终于一个不剩地被余部灭绝。

第二节　李凤娘：骄恣凶悍，弄权控势

■ 天性悍妒有蛇蝎心肠

　　宋光宗的皇后李凤娘，是庆远军节度使李道的女儿。生性悍妒，虽已为六宫之首，又早于孝宗干道四年诞下儿子赵扩，可是却仍未心满意足。有一次，光宗在宫中洗手，刚巧留意到捧着盆子侍候在侧的宫人一双白滑的手，便真诚地赞美了两句。这小事为李皇后获悉之后，于同日下午，李皇后派人送来了一个食盒予光宗，光宗打开一看，赫然是当日那位宫人的一双手，光宗惊吓得不能言语，更因此而病了好几天。光宗心想："我无意中说了一个好字，竟把她性命都送掉。"想向李后爆发心中的怒气，可惜无这点勇气，唯有自怨自悔，就命内侍拿去埋藏了，闷在心头，怔忡症复作，日久不痊。一直到冬至节，天地宗庙，例由皇帝躬亲行礼，不得委员替代，光宗才不得已出宿斋宫。

　　后妃们对年轻的打击对象一般利用性别优势，而对年长者则常筑感情墙。利用性别资源委恶于人，不免置人于死地；构筑感

情墙制造情感隔阂，也常使人陷于无告。

　　李皇后对光宗偶尔遇上的宫人都如此残酷，实在不难想象她会如何对待光宗的妃嫔了。当时，光宗后宫除皇后外，还有黄贵妃、张贵妃、符婕妤等妃嫔。黄贵妃本是孝宗谢贵妃（后立为皇后）的侍女，光宗初为太子时，孝宗因见他缺少姬妾服侍而把黄氏赐给他。光宗对黄氏亦算宠爱有加，即位后便立为贵妃。可是，李皇后实在不能容忍黄贵妃得宠，于是趁光宗不在宫中，即遣心腹内侍召黄贵妃入宫。黄贵妃料知大祸临头，便想去见寿成皇后求救，对内侍说："先回中宫复命，我马上来见凤娘娘。"那内侍早奉李后密旨，不容她求救，催逼道："李娘娘有急事宣召，岂容少缓！还是速去为贵，迟恐触怒中宫，不是耍的！"黄贵妃只好战战兢兢跟随内侍走入中宫，只见李后怒容满面坐在那里，连忙行礼叩见。李后牙痒痒地说道："难道你是全无心肝的？前次我已说过，皇上病体少痊，理该节除色欲，你竟不听我言，胆敢蛊惑皇上，以致病恹恹日久不愈。论你的罪恶，直与谋逆无异！"说罢，就命内侍行大杖一百，要着实地打，使她下次不敢。这班内侍就如狼如虎把黄贵妃拖倒于地，重笞百下。你想这种很阔的大杖，壮男也受不起一百；可怜那冰肌玉骨的黄贵妃，打到三十下，已经香消玉殒，声息全无，直僵僵死在地上了。于是，李后吩咐内侍拖出宫门，当夜就草草棺殓，一面命内侍报告光宗，推说黄贵妃猝患急病暴亡。

当光宗闻此噩耗，又惊又恸，预料必为李后所谋死，否则哪得会无端暴亡。光宗想回宫去观看尸体，又觉今晚是祭天大典，既宿斋宫，未便任意出入，只好苦在心头，泪如泉涌。这夜横在榻上，翻来覆去，良久不曾合眼。就这样，一直到四更以后，疲倦已极，才得蒙眬睡去，忽见黄贵妃满身血污，泪流满面地哭进斋宫来。

正打算上前执手询问缘何弄得满身血渍，猛听得一声怪响，骤然惊醒，张目四顾，不见贵妃，方知是梦。此时东方已白，内侍齐来伺应。光宗就披衣起身，盥漱既毕，内侍进早膳。光宗哪里咽得下食物，挥手撤去，喝了几口清茶，就出宫登辇，启驾赴南郊。时已天色大明，陪祭百官，排班鹄候。光宗下辇，步行至天坛前。霍地狂风猝起，大雨如注，百官都弄得落汤鸡似的。光宗虽有麾盖遮蔽，祭服上也被雨点湿透，只好催促赶紧焚香献酒，读祝奠帛。光宗勉强冒雨行礼，几乎昏晕倒地。本来是病体，听得贵妃暴亡，自然伤恸逾恒；还受了狂风大雨的震惊，哪得不要昏晕呢？幸有四个侍臣，扶掖着登辇还宫。就此登床偃卧，不住地长吁短叹，饮食少进，面容益觉枯憔，想要查问贵妃的死状，又怕李后发怒，只好苦在心头，病势因之有增无减。而李后趁此机会，独揽朝政，所有奏疏，由她独断独行，遇到疑难事，方才向光宗询问办法。

实际上，李凤娘的所作所为，太上皇孝宗与太上皇后谢氏早已留意到。谢氏为皇后时，对太上皇高宗和吴太后孝顺有礼，恭敬非常；可是如今李凤娘不仅对丈夫光宗无礼，更处处顶撞太上皇和太上皇后。太上皇后好言相劝时，以一句"我与皇上是结发夫妻，名正言顺，又有何不可？"回应，暗讽太上皇后谢氏非孝宗嫡妻。孝宗与谢太后自是十分愤怒，打算废掉李凤娘，可因为太师史浩认为立后不久便废后实过于草率，坚决反对，致使废后一事一直搁浅。

■ 离间父子有高明手段

世上可叹的事情往往出人意料。孝宗皇帝乃天下至孝之人，对非自己生父的宋高宗奉养始终，而他自己亲儿子光宗皇帝，却是天下大不孝之人。他不仅荒淫好酒好色，又有惧内的毛病，十足一个"妻管严"，伤透了天下孝子贤孙的心。

嫁入赵家后，李氏妒悍非常，宋高宗、宋孝宗父子大叹着走眼。高宗叹息"此女将家悍种，我为皇甫坦所误"；宋孝宗对这个凶悍的儿媳也曾训诫："你再凶妒，我就废掉你皇太子妃的名位！"由此，仇恨的种子，深深种植于这位自幼长于跋扈军头家中的女人心中。

宋光宗当皇帝后，李凤娘成了李皇后，自然不把"退休"的太上皇放在眼里。李凤娘不仅和太上皇关系弄得不大愉快，她还几次离间孝宗与光宗父子之间的感情。

光宗刚即位时，没立嫡长子赵扩为皇太子，令李凤娘忐忑不安。一次，她趁刚刚病愈的光宗在宴席上醉酒时，请求光宗立已封为嘉王的赵扩为皇太子，以帮助光宗处理政务。光宗也觉得挺有理的，但他坚持请示父亲孝宗再行册立。可是凤娘不听，愤然而去，又不许孝宗等人面见光宗。几天后孝宗没能见着儿子，便把李凤娘招来，询问皇帝的病况，李凤娘于是假借光宗多病，要求立嘉王赵扩为皇太子以辅政。但孝宗认为光宗才即位不久，连政事也没熟习，却把政务都委托于儿子，实在于理不合，因而否决过早立太子的建议。李凤娘觉得孝宗处处针对自己，于是回宫向光宗哭诉说孝宗不想立太子必定另有企图，光宗被蒙在鼓里，以为孝宗别有用心，于是气得以后不再朝见孝宗。他对太上皇的决绝，令全朝哗然。后来，孝宗知道儿子体弱，派人精制了调养药丸给儿子光宗，李皇后竟说太上皇要毒死光宗，致使孝宗、光宗父子势如水火，做皇子的光宗从此基本不入宫向父皇问安。

过了一年多，光宗身体略微好转，重视上朝听政，文武百官乘机请求光宗朝见太上皇，光宗

▲李凤娘像

迫不得已去了一次，关系算是得到改善。可是接连几次李皇后从中作梗，致使父子关系时好时坏。后来，孝宗驾崩，百官请光宗主持丧礼，光宗却一直拖延着不想去，结果由仍然在生的太皇太后吴氏垂帘代行祭奠。后来大臣见光宗不理政事，请求光宗以嘉王为储君。但处处受掣肘的光宗连皇帝也不想当了，结果，心灰意冷的光宗让位于嘉王，退居太上皇。而李凤娘也因而成了太上皇后。

李皇后趁机大捞好处，她不仅替光宗批阅奏章，起草诏令，而且还大封娘家人，她乘回娘家省亲的机会，一次竟封授李家及幕僚为官者达一百余人。连李家宗庙的富丽堂皇程度，从规模建制到卫庙兵士人数都超过了太庙。

庆元六年（1201年），李凤娘穿上道袍，虔心事佛。只是她也难逃此劫了。同年六月，李凤娘病死，终年56岁。

知识链接

皇后及其宫殿的别称

1. 元后、元嫡：皇帝的元配皇后可称元后，方便和继位皇后（继后）有所区别。
2. 继后：皇帝的第二个皇后，区别元后。
3. 梓童：皇帝对皇后的称呼，等同于现代语中所说的"老婆"。
4. 天下母、天地母：皆为对皇后的敬称。
5. 坤极：皇后的别称。

6. 椒房：汉朝皇后的宫殿多以椒涂壁，用以取暖避邪，也有"多子"之意，因此椒房可别称皇后、或用以代称皇后寝宫。汉哀帝宠爱美男子董贤，将董贤之妹册封为董昭仪，并将之称为次皇后，又在宫中赐董昭仪宫室名为椒风舍，和皇后所居之椒房相似。

7. 中宫、正宫：古代皇后所居的寝宫多位于后宫正中央，因此皇后寝宫可称为正宫或中宫。

8. 慈壶、慈闱：对皇后或皇帝生母（多为皇太后）的尊称，或是用以代称这两者的寝宫。

第五章
女中豪杰展政才

　　作为一名现代人，我们所理解的"侠气"可能来源于金庸先生的小说，我国历史上的一些皇后也有此等"侠气"，只是这些"女中豪杰们"并非金庸先生笔下的侠义之士所能比，她们同样有着男子的霸气与魄力，政治才能更是出众。

第一节　芈八子：太后专权，权倾天下

■ 这个不简单的女人

芈八子,这个不简单的女人,拥有四重身份:秦孝公的儿媳妇,秦惠文王的后妃,秦昭王的母亲,秦始皇的高祖母,这是先秦历史上著名的女人,传奇一生,风情万种的秦宣太后。

她对权力的欲望几乎与她的政治手腕一样强。长期于宫闱明争暗斗中的她,无疑对政治的黑暗了然于心。然而她还是积极地一头扎进这个旋涡,并且做得非常出色。

在她成为太后之前她有个称呼叫作"芈八子"。芈是楚国的国姓,由此推想,她是楚王姐妹群中的一个。八子,并不是她的名字,也不是因为她生育了八个儿子,而是她嫁给丈夫秦惠文王后得到的封号。一个外藩女人或为秦王的姬妾,这应该是一桩政治婚姻。

楚宣王末年,芈八子出生在一个楚国贵族家庭,之后,母亲又生下一子名芈戎,就是后来的秦国"四贵"之一的华阳君。几年后,芈八子父亲去世,母亲改嫁,又生一子,就是后来的秦国"四贵"之一的魏冉,也就是在秦先后五次为相计二十五年的穰侯。穰侯之于秦国,功高盖世,司马迁对他有很高的评价,说秦国之所以能向东扩展领土,削弱诸侯,一度称帝,天下都对秦俯首听命,那都是穰侯的功劳。

公元前338年,秦孝公去世,其子惠文君即位,时年十七岁,杀商鞅,任用公孙衍为大良造,攻魏。到公元前330年,公孙衍在雕阳(今陕西鄜县北)大败魏军。次年,张仪来到秦国,靠他的三寸不烂之舌取代公孙衍,公孙衍被逼去魏。张仪来秦的第二年,继续攻魏,魏将上郡及河西地尽献秦国。当年,张仪被任命为秦国历史上第一位"相"。公元前325年,秦惠文君觉得自己的江山稳固了,改称为王。楚怀王在一种特殊历史背景下与秦国缔结姻亲,便将十分美貌的花季少女芈八子送到秦国,成了秦惠文王的妃子,跟着一起来的还有芈八子两个弟弟芈戎和魏冉。更有意思的是,她母亲有个亲戚的小孩向寿也跟了来。

芈八子与秦惠文王新婚不久就怀孕了。公元前324年,惠文王称王,于是改元,称更元元年。当年,芈八子就产下一大胖小子,取名为则,就是后来的秦昭王!

芈八子诞下二子——显和悝。这时这个有着楚国贵族血统的女人才被封,称为"八子"。"八子"这个封号位次不高,秦国后宫分八级:皇后、美人、良人、八子、七子、长使、少使,这套制度后来一直沿用到汉朝。在待遇上把"八子"之封大致可比照于男性官员中的"中更"一级,比五大夫还高两级,等于侯爵,而这仅仅是物质上的,地位只是一个象征,并不能因此而去行使男人"中更"一级的权力。

■ 宣太后的政治集团

到了公元前311年,秦、楚关系已是十分恶化,秦惠文王去世,享年四十四岁。由于芈八子是楚人,又不是皇后,所生三个大有作为的儿子都不能接老爸的班,由惠文后的儿子荡即位,是为秦武王。

▲ 秦昭王像

秦惠文王一死,公孙衍回来了,与樗里疾、甘茂、公孙奭等人一起,把受宠的张仪挤兑出走。张仪是秦、楚关系走向破裂的始作俑者,张仪一走,秦、楚两国关系立即有了缓和。但只过了八个月,秦武王这个匹夫竟与先秦著名力士孟说举鼎比勇折断胫骨而死,这真是一个笑话。当然这也是一个政治问题，因此惠文后将孟说一家满门抄斩。

武王年轻夭折，无子即位，芈八子清亮如泉水的眸子里从乱云飞渡的云层里看到了一线透射的阳光，她迅速抓住了这个稍纵即逝的机会，让弟弟魏冉立即去燕国把在那里做人质的长子则接回来，再经过一番艰苦的内部政治斗争，则立为秦王，即秦昭王，芈八子称宣太后。

由芈八子亲自辅佐刚满十八岁的秦昭王，即史家所言的"宣太后自治"。这女人带着自信的微笑，走进了秦国政治中心的旋涡，其弟魏冉控制朝政。不久又以秦昭王的名义任命魏冉为将军，镇守于咸阳；昭王八年，芈戎回楚，由楚再还秦，也将其任以将军要职；昭王元年，向寿便被派往镇守宜阳重镇，旋即任为左相；他们又拉拢朝中重臣樛里疾，重新任命为相。同时，芈八子的另外两个儿子，嬴显被封为泾阳君，后改封宛于地；嬴悝被封为高陵君，后改封于邓地。两地均为京畿要地，用以拱卫王室，同时实行秦楚二国联姻，让秦昭王迎娶楚国的公主为后。至此，芈八子的宣太后政治集团宣告成立，并全面把控着整个秦国的军政大权。其他人谁还敢痴心妄动。如公子壮、惠文王后，以及其他的惠文王的王子们，最后都被魏冉杀尽了，甚至连秦武王的嫡后也被赶去了魏国。

第二节　窦漪房：农家有女变凤凰

■ 困顿中崛起的麻雀

窦漪房生于楚汉相争的乱世之中，再加上连年的天灾，窦家的生活已是困顿不堪，一家人吃了上顿没下顿，有时候一饿就是好几天。为了寻找食物果腹，窦漪房的父亲迫不得已前往观津城外的深潭边钓鱼，结果滑入深潭，葬身鱼腹。窦母悲伤过度，不久也弃世而去，留下了窦氏三兄妹。

但贫苦的日子依旧没有掩盖窦漪房美丽容颜，她出落的风姿绰约、丽质不俗。不但操持着兄弟们的衣食起居，也梦想着能够嫁到一户好人家中，为兄弟也为自己寻个出路，足见窦漪房自小就乖巧懂事。然而窦漪房最终被选入宫，临行前，窦漪房与哥哥弟弟抱头痛哭。

窦漪房最放心不下的还是生活尚不能自理的弟弟，她从出发的驿站里求乞来一盆热水、一碗冷饭，最后弟弟洗了头，又看着他把这碗饭吃完，这才含着泪进宫。

窦漪房此行，原本是抱着从此生死两茫茫的绝望的，然而让她没有想到是，她的命运也将时来运转。因为窦漪房性情温良，遂成吕雉宫中的一名小侍女。不久，刘邦病逝，太后的吕雉为救国于危难，赐给诸庶子每人五名宫女。窦漪房就是被入选的三十五名宫女中其中的一位。当名单最后被皇帝批准实施之时，窦漪房才知道自己竟然被送给了代王。

山西晋阳与河北武邑之间路远地遥。一入宫门深似海，漪房明白，自己只怕要一辈子埋在山西了，那就永生永世也不要想知道家乡的一丝消息。

事情到了这个地步，窦漪房几乎绝望了，忍不住泪如雨下，怨恨那个随意安排生死的太监，不肯踏上远行的宫车。

精心挑选出的宫女，个个姿色出众，而窦漪房尽管美貌，这一路以泪洗面，想来是不可能艳压另外四位美艳动人的宫女的。然而，在五位宫女中，代王刘恒并没看上那四位争奇斗艳的宫女，却唯独喜欢上了神情落寞的窦漪房。

最终，与窦漪房同时入王宫的四位宫女仍旧是宫女，而窦漪房却成了代王的宠妾。并且一连诞下三子：长女刘嫖（馆陶公主）、长子刘启（汉景帝）、次子刘武（梁王）。然而，代王刘恒的后宫并不简单，他的母亲薄太后是后宫的主人，还有比窦漪房身份地位都高的王后，她还前后生下四位王子。不过王宫虽然复杂，对窦漪房来说，却是天堂，她对自己竟能得宠于亲王并且为之生儿育女非常满足，对薄太后和王后甚至于嫡子们，都非常恭敬，安分守己。窦姬的克己守礼，以及她的贫苦出身坎坷经历，在代王刘恒和薄太后、王后的眼里，更是平添了几分好感和怜惜，窦漪房在代王宫里也赢得了美名。

转眼间，几年过去了，代王后病逝了。代王刘恒不过二十来岁，中馈乏人，当务之急便是立后之事。这时在代王宫里，育有儿子的妃嫔，只窦姬一人。因此在薄太后的建议下，窦姬开始代王后管理宫中事务。

■ 麻雀终变金凤凰

正值代王处理家务事之时，千里之外的京城长安却正在发生着翻天覆地的变化。在一场惊心动魄的宫廷政治厮杀之后，吕氏家族无一人生还，刘盈之子、小皇帝刘弘也未逃过此难。大汉王朝皇位空缺，丞相周平、太尉周勃等人商议之后，在刘姓诸王中，选中了代王刘恒。而代王刘恒被选中的最重要原因之一，就是他的母亲薄太后以及他的代理王后窦姬，是出身穷困、为人小心翼翼的女人，她们的家族不但亲戚少，而且个个老实巴交。

公元前180年，刘恒称帝，是为汉孝文皇帝。孝文帝元年十月壬子，已经在长安城里安顿好的刘恒派舅父车骑将军薄昭，前往代国迎接自己的母亲薄皇太后，以及自己的姬妾儿女。窦姬和孩子们跟随着车马，也来到了长安城。时隔十六年，重临长安城，窦姬已今非昔比。

刘恒初登大位之时，忙于料理政务、熟悉官员，不幸的事情再一次发生了。或者是因为一路颠簸辛苦，再加上难抵长安城冬天的严寒，刘恒的四个嫡子都在春天来到之前，相继病死。刘恒悲叹自己的福分恐怕难以胜任皇帝之位，以至于嫡子尽丧。正月间，官员恳请他立储之时，他竟然产生了立叔伯兄弟们为继承人的想法。

刘恒着实让诸位大臣们吓出了一身冷汗：当初他们选了这个不起眼的亲王为帝，如此一来，肯定得罪了其他的刘姓诸侯。如果这位皇帝准备将皇位再传给其他的王侯，待下一位皇帝继承大统之时，他定然不会放过这些曾经得罪过自己的大臣的。

经大臣们再三劝谏，希望刘恒能明白立嗣必以子的道理。刘恒终于有所顾忌地答应了，于是在文帝元年，窦姬成为皇后、长子刘启成为皇太子、长女刘嫖成为馆陶公主，窦漪房的小儿子刘武也被封为代王。

代王是文帝刘恒继位为帝之前的封号，现在刘恒把自己起家的封号赏赐给了刘武，可见文帝和窦后对刘武的宠爱之深，甚至超出了皇太子刘启。然而，大臣们看不过皇帝、皇后娇纵小儿子的行为，认为这种溺爱会累及朝纲，于是纷纷上谏，刘武便由代王改封为梁王。不过封号可以改，在爹妈心目中，刘武的地位依然不可动摇，甚至由于这一次改封，文帝窦后对刘武，还油然而生内疚之意。应该说，大臣们毫无人情味的进谏还是有远见的，若干年后，这位梁孝王刘武，果然给大汉王朝惹了不少麻烦。此外，窦皇后也找到了自己失散多年的兄弟窦长君和窦广国，文帝对妻子能够与兄弟团聚，也颇为感慨，于是赏赐了窦氏兄弟田地宅院，还有大笔金钱大量的金银珠宝，让他们安度年岁。

窦皇后突然与亲兄弟相认，颇令吃够了吕氏外戚苦头的臣子们心生隐忧，唯恐大汉朝再次被外戚掀起一场浩劫。于是他们事先行动，由绛侯、灌将军等人出面向文帝进谏：窦氏兄弟出身寒微，不知礼、无学识，不宜封授官职，须选择一些有操行道德和学问的长者教导他们。

文帝采纳了此意见。窦长君、窦少君遂成"谦谦君子"，时间一久，他们非但没有参与政事，就连国舅爷这一显贵身份，大家都不曾忆起。

■ 皇帝不知闺中恨

随着时光的流逝，本已是半老徐娘的窦皇后，此时又因害了眼疾而失去了动人的双目，文帝对她的关爱也迅速锐减。念在往日的情分和看在儿女的份上，文帝仍然让她当皇后，但文帝此时的心思却全然不在窦皇后身上，醉情于宫中万千粉黛。

在这些粉黛之中，文帝最为宠爱的是慎夫人与尹姬。此二人都未能为文王生下儿女，但是文王对她们的宠爱却远远超过了窦皇后。在后宫之中，慎夫人的物质待遇、侍从车驾，均与窦皇后别无二致。

一次，文帝带着窦皇后与慎夫人等后宫宠妃，一起前往上林苑游玩。游嬉尽兴后，人们都需要休息。当文帝和窦皇后依次坐下后，慎夫人就如同往常在内宫时一样，准备坐到窦皇后身边去。但跟随文帝而来的郎中袁盎却不让慎夫人就座，将她引到偏席，与侍者同坐。慎夫人顿时觉得自己受了侮辱，满脸怒色，无论如何也不肯坐下。文帝也觉得袁盎的做法扫了自己的兴，自己也不愿意再安坐于席上，于是起身就走。窦皇后没有作声，也跟着文帝身后，低着头走了。

但是袁盎心雄胆壮，根本就不怕文帝发怒，反而追上去对着文帝讲大道理："俗话说尊卑有序，皇上虽然宠爱慎夫人，但是名分有高低之别，后宫之主为窦皇后，慎夫人只是妃妾，怎能与嫡妻皇后平起平坐呢？假如皇上因为偏心就对她滥施恩宠，乱了宫中规矩，这岂不是把她给害了。前车之鉴啊，皇上，您难道忘了戚夫人变成．人彘．的惨状吗？"

袁盎的话让文帝恍然大悟，不但怒气全消、转怒为喜，而且立刻赶进后殿，将袁盎所说的话转述给慎夫人听。慎夫人听后，也怒气全消，对袁盎保全自己的好意十分感激，随即拿出五十斤黄金赠予袁盎，以示感谢。

■ 皇太后舞弄朝政风云

公元前157年，汉文帝病逝。太子刘启即位，是为汉景帝，窦氏遂成皇太后，并任窦太后之弟窦广国为章武侯，封窦长君之子窦彭祖为南皮侯。

景帝三年（公元前155年），七国之乱，窦太后的侄子窦婴主动请缨，立下赫赫战功，并因此以军功封为魏其侯。窦家一门三侯，光耀了窦家门楣，窦太后自然是高兴。

窦漪房成为太后之后虽然没有像吕后那样走到前朝来执政，然而，作为景帝生母，她始终左右着朝政大计。平定吴楚七国之乱后，景帝原拟保留吴楚的封国，各立其后。窦太后出于个人亲疏喜好，以吴王"首率七国，纷乱天下，奈何续其后"，仅许存楚，不准续吴，景帝只得照办，未敢抗命。

太子刘荣之母栗姬失宠，遂被废为临江王。公元前148年，刘荣又因侵占宗庙修建而犯罪，在中尉府受审。廷尉郅都为官忠直廉洁，不畏强权，对犯罪的人绝不姑息。他对刘荣的责训非常严厉，这让刘荣感到非常害怕，于是刘荣请求给他刀笔，想要写信直接向景帝谢罪，郅不许。窦太后堂侄魏其侯窦婴派人偷偷送给刘荣刀笔，刘荣写完信后，在中尉府谢罪自杀。窦太后闻讯孙儿惨死的消息后，凤颜大怒，对郅都恨之入骨，最终责令景帝将其免官还家。

后来，郅都出任雁门郡太守，奋力抗击匈奴，匈奴更是对其闻风丧胆，他的威名与同时期的名将廉颇、赵奢并列。匈奴四处散布对郅都不利的谣言，窦太后闻讯，不加追究分辨，立即下令捉拿郅都。汉景帝心知郅都冤枉，极力为其说情，并准备释放郅都，窦太后不忘旧恨，坚决不允，郅都终被处死。听到郅都被处死的消息后，匈奴骑兵侵入雁门对汉朝边境进行大肆侵扰。窦太后因为一己私利而对朝廷大事横加干涉，杀害国家栋梁，实属不明智之举。

像所有的母亲一样，窦太后也十分宠爱自己的小儿子——梁王刘武，甚至还动了让刘武继承景帝刘启皇位的念头。公元前154年，刘武由自己的封地进京朝见皇兄。此时的景帝尚未立储，谈话间，隐约表露出千秋后传位于梁王之意。太后听了十分高兴。随后刘武在打击"七王之乱"中居功至伟，按窦太后的意思，小儿子已经完全具备了成为皇储的资质。

然而，次年四月，景帝刘启颁下旨意，册封自己的庶长子刘荣为皇太子。这让窦太后十分气恼。但不到一年的光景，景帝便废黜了太子刘荣，窦太后大喜，乘机再次进言要立刘武为储。此时，有一个叫袁盎的大臣上书谏言反对，景帝乘机便立刘彻为太子，窦太后的愿望再一次落空。而梁王刘武听说此事后，便派刺客去将上谏的袁盎杀害。景帝大怒，命缉捕凶手。刘武唯恐事情败露，迫令刺客自缢，又托姐姐去到母后跟前说情，在太后的干预下，此事不了了之，但从此之后，景帝便对梁王疏远了。

■ 尊崇黄老思想的统治者

公元前144年，刘武病逝。窦太后闻讯痛哭不已、断绝饮食，呼天抢地地说："皇帝最终还是将我的好儿子给杀害了！"景帝仁孝，看到此情景，顿时有一点手忙脚乱，不知如何是好，姐姐馆陶长公主给景帝出主意：首先，为梁王刘武上谥号曰"孝"，以示对他孝感动天的褒奖。因此，刘武的谥号为"梁孝王"；然后，将偌大的梁国分为五个部分，让刘武的五个儿子平分。窦太后这才满意了，终于又肯对景帝假以辞色。

公元前141年，汉景帝刘启于未央宫中驾崩。二月，他被安葬在阳陵。同月，汉武帝刘彻即位，同时尊封皇祖母窦漪房为太皇太后、母亲王娡为皇太后。在汉武帝登基之初，朝廷政权仍由皇祖母窦漪房掌控。

窦太后双目失明后，喜欢黄老之术，景帝及窦氏兄弟也不得不读《老子》而尊黄老之道。"黄老"是指黄帝和老子，道家也尊黄老为祖，主张无为而治，宽政利民。"文景之治"的盛世，与推行黄老之术的宽民政策有很大关系。

窦太后之所以推行道家治国理念，主要是在西汉经历过白登山之变之后，发现汉朝的国力实在很难与匈奴抗衡，朝廷刚刚经历过战乱，百废待兴，需要的是"休养生息"，而这一点刚好符合道家的治国理念。于是在窦太后的大力主张下，西汉中央政府开始在全国彻底推行道家思想。到了景帝时期，国家经济实力空前强大，已经具备了和北方匈奴政权相抗衡的实力。这时候无为的黄老就不再适应国家的发展要求，而为加强中央集权的儒家思想则开始崭露头脚，其影响力也日益强大。虽然此消彼长是历史大趋势，然而，由于"窦太后好黄老言，不悦儒术"，她便以母后的威严与地位，千方百计阻挠与扼制先帝（景帝）推行儒学。直到景帝去世也没能将儒家思想推广开来。

到了汉武帝时期，窦太后"老当益壮"，继续大力推行黄老之术、道家之言。然而，少年的汉武帝独好儒术，一登上皇位就迫不及待地诏举贤良方正；外戚窦婴、田蚡与御史大夫赵绾也是儒家学说的积极倡导者和努力推行者。于是，立明堂、封禅、改历、正服色等，尊儒之风被提上了议事日程。儒学大师申公培也因赵绾的推荐，被武帝以隆重的礼节迎接到了京师。汉武帝希望通过改黄老之道为儒家之言的方式，巩固自己的统治。

改革触及了很多人的利益，以窦氏列侯为首的家伙们坐不住了，一个劲地往窦太后那里跑，说尽了汉武帝和大臣们的坏话。为了摆脱窦太后的阻力，御史大夫赵绾、郎中令王臧向武帝提议，朝庭上的事不要事事都奏请太皇太后。这一举动用意十分明显：就是要绕过窦太后，让汉武帝成为改革的最高、最直接的主宰者，并通过改革逐渐削弱窦太后在朝中的势力，最终完成还政于汉武帝的目的。

尽管窦太后双目失明，但消息却很灵通，反应更是果断。她一边气急败坏地以文帝时蛊惑人心的方士新垣平（新垣平是汉文帝时期的一个方士，他靠骗术骗取汉文帝的信任。后被识破，被诛三族）来比拟，丑化赵绾等尊儒的大臣；一边派人收集赵绾的负面消息，作为对抗武帝的有力武器。公元前139年，窦太后将御史大夫赵绾、郎中令王臧打入监狱，罢免了尊儒的丞相窦婴与太尉田蚡，即使窦婴是她本家的侄儿也难逃此难，并亲自任命了新的丞相、太尉，调整了最高的统治核心。面对窦太后的盛怒和强大的压力，汉武帝不得不作出战术上的调整，他将明堂上的决议统统废除，任由赵绾、王臧二人在狱中自杀。因窦太后以其特殊身份与至高权威的强行干预，汉武帝最初掀起的这场尊儒的运动被迫以失败告终。

经过此次较量，窦太后与汉武帝祖孙的关系也随之急剧恶化，窦太后想要换掉这个皇帝也不是一天两天的事了。汉武帝17岁这年她就曾经想废了他，在女儿馆陶公主的劝说下她才熄灭了此

▲ 古代结婚剧照

想法，但只是暂时。

汉武帝18岁那年，窦太后再次借口汉武帝"无太子"，说他有着偌大的后宫，却无皇嗣，定是哪里出了问题，为了国家，推选他的叔父淮南卫刘安为皇太叔，作为继汉武帝之位的储君。18岁的汉武帝青春正茂，为何就断言他以后一定没有孩子呢？急于为他选继承人也就罢了，偏却要选一位年长辈尊的老者，难道此时偌大的一个刘氏家族就找不着一个小婴儿了吗？窦太后此举究竟为何意？一时间，朝中内部风云变幻，汉武帝母子心惊胆寒。汉武帝在如此恶劣的政治环境下，还能生存下来实在是馆陶公主的功劳，馆陶公主的慈悲劝言再次平息了一场政治风波。自此，汉武帝韬光养晦，不再与皇祖母起正面冲突。

公元前135年，窦太后去世，享年71岁，与文帝合葬于霸陵。窦太后是中国最后一位拥附尊崇黄老思想的统治者，在她的影响下，西汉政权能继续遵行刘邦时期的"以民生息""无为而治"的精神，把汉王朝推向了强盛的高峰。

第三节　刘娥：一代贤后，还政有方

■ 一代贤后的成长之路

后汉王国历时不过短短几载，便于公元951年被重臣郭威侵踏，建立后周，后周随即被赵匡胤颠破，值此，北宋王朝建立。

此时，有一个名叫刘延庆的马军副都指挥使去世了，其子刘通则做了禁军军官，并随后因军功卓著升至虎捷都指挥使，领嘉州刺史。嘉州即今四川乐山，大概就在此时，刘家举家迁至四川，成为成都华阳人。

据传，当年刘通之妻庞氏做了一个奇怪的梦，梦见一轮明月入怀，不久便发现自己怀了身孕，遂生下次女刘娥。然而，女孩刚出生不久后，刘通便奉命出征，岂料就此一去不返，阵亡于前线。刘家家道中落，庞氏只得带着襁褓中的女婴寄居于娘家。

童年时期的刘娥在外祖父家过得并不好，虽然学会了读书识字却不曾享受过小姐的生活，倒是学会了一身谋生技艺，善说鼓儿词。庞家对这个寄居的外孙女儿的态度更是厌恶至极，刘娥刚刚长大，庞家便迫不及待地将年仅十三四岁的刘娥嫁给了一个名叫龚美的银匠。

银匠要外出谋生，就带着妻子刘娥离开了家乡四川，来到了京城开封。可是银匠在京城的生意并不是很好。走投无路之时，银匠就想把刘娥卖掉。一天，时任开封府尹的襄王赵恒让银匠到店里去打制首饰，赵恒一见到刘娥，就觉得她聪慧貌美，欲娶之为姬侍。二人随即暗度陈仓，刘娥也在襄王府中住了下来。

刘娥天生丽质，聪明伶俐，与襄王赵恒年貌相当，颇得其欢心，二人更是形影不离。太宗知道此事后雷霆大怒，勒令赵恒把刘娥逐出襄王府。父命难违，但赵恒实在不舍，便俏俏把刘娥寄养在幕僚张耆的家中。张耆安排家人对刘娥悉心照顾，自己为了避嫌，他每天睡在襄王府，以免招致不必要的祸端。

以后的日子里，赵恒的王爵一路升迁，所负担的职务也越来越繁冗，然而只有要机会，他就想方设法地要去张耆家里和刘娥相聚。这样的偷偷摸摸备受折磨的日子，赵恒和刘娥一共过了15年。

后来赵恒当了皇帝，他没有忘记把刘娥接到了皇宫，不久便封其为"美人"。当年，刘娥住在张耆家里时，为了排遣内心的孤寂，博览群书、研习书画棋乐，终显才华。走进皇宫的刘美人，已不再是当年那个平庸之辈了。

刘娥在宫中的地位不断上升，大中祥符五年已经升为德妃。

时任皇后的郭皇后已经去世,在后宫中,刘娥的位分最高,离皇后宝座更是近在咫尺。刘娥不仅温柔美丽,且生性机敏,通晓书史,对国家大事也颇具见识。真宗批阅文件,刘娥常陪伴其左右。凡有疑难,刘娥总能提供恰当的建议,深得真宗信任。真宗有意立刘娥为后,但迫于刘娥的出身,此事迟迟未提。

真宗左右为难之际,就找参知政事赵安仁商量。正因刘娥出身卑微,赵安仁反对立她为后。真宗听了大为不悦。次日又找王钦若商量,并告知了他赵安仁的意见。王钦若对真宗言道:"陛下不如问问赵安仁,如若不立刘妃为后,应该立何人为好。"过了几天,真宗问赵安仁,赵安仁谏言道:"德妃沈氏是前朝宰相沈义伦的后代,可为皇后。"真宗次日对王钦若说明了赵安仁的意见,王钦若说:"我早料到他会这样说,赵安仁过去曾做过沈义伦的门客!"真宗觉得赵安仁徇私,就罢免了他的官职,下定决心立刘娥为后。但刘娥为人处事颇为谨慎,当真宗决定立她为皇后时,宰相王旦忽然请病假,刘娥担心王旦持反对意见,就劝说真宗推迟此事。后来王旦上疏表示同意立刘娥为后,立后之事才最终敲定。大中祥符五年(1012年)十二月二十四日,刘娥被册立为皇后。

刘皇后才略过人,精通书史,记忆力特强,朝中、宫中之事,一经她知道,即能详述始末,历久不忘。赵恒批阅奏章有时到深夜,刘氏则始终相陪,间或提些建议,也往往中肯,多被采纳,因而"宠幸专房"。天禧四年（1020年）以后，赵恒久病不愈，大臣的奏章多由刘皇后审阅批答。

刘娥由银匠之妻成为一国的皇后，绝非单单因为美貌。此时的刘娥已经40多岁，早已过了花样年华，吸引真宗的是她的智慧和能力。精明能干的刘娥把后宫事务处理得井井有条，同时在朝政方面能给真宗以帮助。真宗十分信任这个陪伴他多年的枕边人，甚至有一点依赖她。

当真宗的身体状况日趋恶化时，刘娥便顺理成章地帮丈夫处理朝廷日常政务，裁定军国大事。另外，刘娥的前夫龚美将自己的妻子献给真宗之后，也留在真宗身边为其效力。真宗即位后，龚美改姓刘，与刘氏以兄妹相称。由于刘娥的关系，刘美升得很快，逐渐掌握了京城军权，成为刘娥最为得力的助手之一。真宗统治晚期，刘娥权力越来越大，成为实际上的统治者，其一举一动，对当时的政局，尤其是寇准、丁谓两派之间的斗争，产生了决定性的影响。

尽管真宗对刘娥宠爱有加，但刘娥却没有为真宗生下一儿半女。就在此时，真宗看上了刘娥宫中的一个侍女李氏，此人为人庄重少言，后来成为了真宗赵恒的司寝。大中祥符三年，李氏产下一子（也就是后来的仁宗赵祯）。当时刘娥还未被封后，年近四旬的刘娥认识到自己可能不会再有孩子了，便接受了李氏的这个孩子，由她和另外一个嫔妃杨氏共同抚养，这也成了宫中无人敢言说的秘密。真宗允许她抱养李氏之子。这个孩子对刘娥能册立为皇后，以及真宗死后顺利垂帘听政具有重要的意义。聪明的刘娥十分明白儿子对她的重要性，不管是出于真心，还是假意，刘皇后还真是充当了一个合格母亲的角色，细心地抚育赵祯，母子感情十分融洽。这位皇子从小就称刘娥为大娘娘，称杨氏为小娘娘，小皇子一直认为刘皇后就是自己的亲生母亲。

1022年，真宗赵恒逝世，小皇子赵祯继位，是为宋仁宗。刚刚继位的小皇帝赵祯年仅13岁，大臣们请刘太后"临朝称制"。每当朝会之时，仁宗坐左边，刘太后坐右边，军国重事由刘太后一手裁决，她处事明敏，号令严正，恩威兼施，又颇能自我约制；因此，在她"垂帘听政"的十一年间，政事处理得井然有序。

关于赵祯的身世，有一种至今流传的说法，这就是"狸猫换太子"的故事。主人公的传奇经历几乎家喻户晓，妇孺皆知。清末小说《三侠五义》中称刘氏、李氏在真宗晚年同时怀孕，为了争当正宫娘娘，刘娥工于心计，将李氏所生之子换成了一只剥了皮的狸猫，污蔑李妃生下了妖孽。真宗大怒，遂将李妃打入冷宫，而立刘娥为后。后来，天怒人怨，刘妃所生之子夭折，而李妃所生男婴在经过波折后被立为太子，并登上皇位，这就是宋仁宗。在包拯的帮助下，宋仁宗得知真相，并与已经双目失明的李妃相认，而已升为皇太后的刘氏则畏罪自缢而死。当然，这个故事并不可信。

■ 刘后的垂帘听政时代

乾兴元年（1023年）二月，真宗病情恶化。弥留之际，最让他放心不下就是年幼的太子。二十日，真宗死于延庆殿，享年55岁。太子赵祯即位。按照真宗的遗诏，尊刘皇后为皇太后，在仁宗成年之前代其处理军国大事。自此开始了长达12年的刘后垂帘听政时代。

刘太后把持朝政后，首先做的就是修建赵恒陵寝。刘太后任命宰相丁谓为营建皇陵总负责人。宦官雷允恭为皇陵都监（工程具体负责人），丁谓是苏州人。机敏智谋，但又奸狡过人，阴谋诡谲。他用"奏告祥瑞、营造宫观"的办法迎合了真宗的心理，也取得了宰相寇准的信任，竭力向寇准献殷勤。一天，丁、寇二人一起在宰相府上吃饭，寇准的胡须上粘了许多汤羹。丁谓见了连忙一边掏出手帕，一边去为寇准擦拭胡子。这种低三下四的媚态，寇准实在难以忍受，就笑着拒绝道："丁参政是朝臣，现在当众为我擦拭胡须，恐有失体统，有失品格，以后切不要如此。"几句话说得丁谓当众下不了台，从此结下怨仇。不久丁谓暗中勾结太监雷允恭，他用雷允恭做耳目，宫中的机密和皇帝的一举一动，他都了如指掌。而雷允恭则靠丁谓将自己的势力和影响扩大到外朝，两人互相利用，沆瀣一气，排斥异己。寇准、李迪等大臣，都在丁、雷的中伤下，被先后罢去官职，贬到边远地方。这样丁谓当上了宰相。丁、雷更加骄横跋扈，朝臣无不愤愤不平。

丁、雷既被任命为修陵使，这是皇家的一种信任差使，两人都非常高兴。当时，司天监已经选定永安东北六里的卧龙岗为陵址，可是雷允恭看后，认为不吉，须要再上移百步才是"宜子孙"的吉地。大家不敢违抗，施工的人员按照雷允恭指定的地方动工破土，谁知开挖才几尺深，就出现了许多卵石，再挖，地下水涌了出来。依照风水书上说法，葬地受水，尸骨埋下要被散的，是很凶的事。有人将此事报告朝廷，丁谓却对雷允恭百般包庇。于是刘太后命副宰相王曾前往陵地调查，王曾将事调查明白，回报刘太后说："臣到陵地踏勘、了解，人人都说原定陵址最吉，新址受水断不可用，丁谓包藏祸心，让雷允恭私移皇堂于绝地，实在罪大恶极"；刘太后听后大怒，下令雷允恭"赐死"，丁谓流放崖州（今海南省崖县）。

公元1022年，修陵完工。刘太后召文武大臣至会庆殿，商议为赵恒准备的殉葬物品，对于赵恒所珍藏、供奉的大量"瑞物"和"天书"应如何处置，刘太后采纳了宰相王曾的提议："前后下降的天书和全国贡献的瑞物，都是皇天上帝对先皇帝的特别的恩赐，此项光荣属于先皇帝，先皇帝已经上仙而去，天书、瑞物也应该与先皇帝同归皇堂奉安才是，万不可再留人间。"于是所有"天书""瑞物"都作为随葬物品埋入陵中，无一样留存。这一措置既消除了赵恒造成的朝廷上的迷信空气，又杜绝了修建神仙宫观、供奉"天书""瑞物"的大量无益花费。将"天书"作为随葬品一起埋入永定陵，总算终结了虚耗大宋国力十余年的"天书奇谈"，还了政治与社会环境一个清静。

刘娥治理国家号令严明，赏罚有度，虽然难免有些偏袒家人，但并不纵容他们插手朝政。在大是大非面前，她更尊重士大夫们的意见，王曾、张知白、吕夷简、鲁宗道都得到了她的重用，刘氏姻族也没有做出危害国家的祸事。

刘娥协助真宗理政多年，对朝臣结党吏治不靖深有感触，她知道自己年长皇帝年少，这样的状况是很容易被有所图谋的大臣钻空子的，于是她用了一个计策。真宗下葬之后，刘娥挑了一个合适的时机，做出非常恳切的模样对大臣们说道："如今国事变动，我和皇帝多亏诸公匡助，才能有今日，实在感激。诸位可以将亲眷的姓名都呈报给我，也好一律推恩录用，共沐皇恩。"大臣们听了都高兴不已，将自己能想到的亲戚名字都一个不漏地汇报了上去。诸公们这可算是睁着眼跳坑——刘太后将这些名字都记录下来，此后凡遇到有推荐官员的时候，她都拿去核对一下，只有榜上无名者才能得到升迁的机会。从而避免了朝臣编织权力网的可能。

刘太后还听从丞相吕夷简的敦促，用厚礼殡葬仁宗赵祯的生母李宸妃。办了一件让刘氏后人得益的事情，也使得她死后仍然得到荣宠和尊重。李宸妃，名叫李顺容，杭州人，入宫时才十几岁，是刘皇后的侍女，为人庄重少言。一天，真宗盥洗，李氏捧水上来时露出两只洁白如玉的手为真宗所爱，后来成为真宗赵恒的司寝。被封为"才人"，生了真宗最小的儿子赵祯，即后来的仁宗皇帝。这是一位令人同情的女性，真宗赵恒有六子，五子皆早殇，只剩下李氏所生这个宝贝儿子。赵祯的降生使得真宗中年得子，皇脉延续。自然喜出望外，对他疼爱有加。待到赵祯开蒙之际，真宗就细心为他挑选老师，关注他的学业，将他培养成自己的皇位的继承人。天禧二年中秋节，真宗正式册立八岁的赵祯为皇太子。

在封建礼俗中，母以子贵，李氏本该倍受荣宠，但因其出身卑微，根本不被大权在握又目无下尘的刘皇后放在眼中。刘皇后无子，李氏生下赵祯不久，刘皇后毫不客气地将赵祯抱去，据为己子，由杨妃恩养、抚育。面对如此打击，李氏不敢言语，只有暗中流泪，平时也不敢与帝后们同坐共语，只在妃妾宫女群中默默度日。真宗死后，赵祯继位，当时他只有十二岁，虽"听事资善堂"，但只是徒有其名，朝中大事，完全由垂帘听政的刘太后一手决定。李氏眼看着儿子登上皇帝宝座心中欢喜，但却不敢前去相认，以倾诉母子之情。周围的宫人和朝中的大臣，也都畏惧刘太后的权势，不敢言明此事，不久李氏由婉仪进位顺容（宫中妃嫔分十九级，婉仪为第十一级，顺容为第九级）级别虽然晋升了，可是却命她前去巩县，伺候永定陵。这无异是打入冷宫，终日守着寂寞的陵冢,身影与孤灯相伴,寂寞加上惆怅,孤苦和着凄凉,再加上终日思子的悲伤,生活已完全失去希望。1032年,陵区的凄风苦雨,送走了她四十六个年头的短暂生命,直到此时,皇帝**赵祯**仍然不知刚刚死去的那个宫人,就是他的生身之母。

李氏在病危之时被晋封为宸妃,刘太后原本打算用一般宫人之礼埋葬李氏。丞相吕夷简则建议她用厚礼殡葬。刘太后十分生气地说:"一个宫人死去,何必那么兴师动众?"吕夷简恳切回答道:"老臣身为宰相,无论宫中、府中之事,我都尽心而为,为的是皇帝陛下和太后诸事万全。此事作何处置,还请太后三思才好啊。"刘太后听更生气了:"你的话话中有话,你是不是想要离间我母子二人?"吕夷简忙跪下解释道:"老臣不敢,只是请太后陛下能以刘氏一门为生,无论如何要厚葬李宸妃"。一句话提醒了聪明的刘太后,便传下旨意,用皇后礼仪,殡葬李氏于东京(今开封市)西北郊的洪福寺,所以,李妃丧事办得极其隆重。

1033年,刘太后病逝,这才有大臣向仁宗赵祯泄露了真

▲ 刘娥像

相:"刘太后不是陛下的生身之母,陛下的亲生母亲是李宸妃,她死得很悲惨。"赵祯听后放声大哭,这时又有人进言:"李宸妃之死,不明不白,死因可疑。"于是赵祯亲临洪福寺开棺检看,见宸妃戴着凤冠,披着霞帔,穿着百子衣,完全是皇后的装束,在水银的养护下,尸体不腐,面色如生。这才释去了大家对刘太后的怀疑。赵祯感叹非常,又想及刘太后对自己抚养护持的恩德,就对跟随的大臣说:"闲话和议论是不能相信的"。从此,对于刘太后的一家更加优礼相待。追封其母亲李宸妃为"章懿皇后",并迁葬永定陵。

第四节　孝庄皇太后：辅佐三代君王的女政治家

■ 政治上初露锋芒

17世纪初，明王朝衰落，东北女真族崛起。建州女真首领努尔哈赤统一女真各部，于明万历四十四年（1616年）建立后金国。努尔哈赤死后，第八子皇太极继承汗位。北伐蒙古、南征朝鲜，并于明崇祯九年称帝，国号清，建元崇德，奠都盛京，与明朝遥相对峙。明崇祯十七年李自成领导的农民军攻占北京，崇祯皇帝缢死煤山。镇守山海关的明将吴三桂，叛明投清，于是清军入关，逐鹿中原，李自成的大顺政权在清军追击下土崩瓦解。

在清朝之中，曾出现过一位身历清初三朝，全心全意辅佐皇太极、顺治、康熙三位皇帝主政的杰出人物，被称为"清代国母"，她就是著名的孝庄文皇后。她的生平在《清史稿》中有所记载，且历代学者也有论述。孝庄文皇后呕心沥血地以其聪明才智和特殊的地位，对解决清宫内部矛盾和斗争，稳定清初政权、促进国家统一，都起到了巨大的作用，她是我国古代杰出的女政治家。

孝庄文皇后，一姓博尔济吉特氏，蒙古科尔沁部贝勒寨桑之女，明万历四十一年（1613年）二月出生，13岁时，由她哥哥吴克善护送到盛京，嫁与皇太极。

清初，满蒙联姻是一项既定国策。皇太极时期，后宫几乎全是蒙古族女子，仅科尔沁贝勒寨桑一家，有封号的就有三位——皇后博尔济吉特氏（孝庄的姑妈）、宸妃博尔济吉特氏（孝庄的姐姐）及孝庄文皇后博尔济吉特氏。

孝庄从蒙古大草原来到盛京，为皇太极生下一男三女，崇德元年，皇太极称帝时，孝庄被封为永福宫庄妃，为后宫五大后妃之末。

在皇太极生前，孝庄在后宫的地位并不显赫。由她的姑妈掌管着后宫的一切，她的姐姐宸妃则受到皇太极的专宠。

崇德七年（1642年）三月，清军俘获明朝蓟辽总督洪承畴，皇太极大喜。洪承畴为明朝一位极为有影响力的封疆大吏，降服他等同于收揽汉族有志之士之心，对瓦解明朝统治具有非常积极的意义。皇太极下令把洪承畴押至盛京，派汉臣范文程等轮番劝说，洪承畴"延颈承刀，始终不屈"，为此皇太极伤透了脑筋，食不甘味。孝庄见况，毛遂自荐，亲自前去劝说。她化装为一名侍女，带上一壶人参汁，前去洪承畴处，温颜婉语，让他喝下人参汁，对他动之以情，晓之以理，经过数天的不懈努力，终于说服洪承畴投清。但这也仅仅是个野史，没有任何史料可以佐证。

皇太极在位时期，孝庄就经常留意一些清廷的政治活动，她的政治素质和才能由此得到磨炼与提高。当重大政治事件突然爆发之时，这种才能就能明显地表现出来了。

■ 终成圣母皇太后

崇德八年（1643年）八月初九日，皇太极病逝。但皇太极生前并没有指定皇位继承人，此时，朝中出现权力真空，造成诸王争位的混乱局势。最终立年仅六岁的福临为帝，他的生母庄妃为五大后妃之一。八月二十六日，福临登基，是为顺治皇帝。

皇太极崩逝，作为一国之尊当是中宫皇后哲哲。出于本能，她一定会为维护母家科尔沁的利益而推举庄妃所生的福临。这样庄妃与皇后就站在了同一条战线上。史料记载给人的印象是由于皇太极长子肃亲王豪格与皇太极十四弟睿亲王多尔衮两个争位的人势均力敌，所以才鹬蚌相争，渔翁得利——庄妃之子福临登上了皇位。其实，这只是事情的一个方面。从庄妃以后的作为及当时两黄旗大臣态度微妙的变化，还是可以推断出庄妃在福临即位的问题上不遗余力地展示了其卓越的政治才能。

最初两位黄旗大臣拥立豪格是在肃亲王王府盟过誓的，但召开议政王大臣会议讨论由谁继承皇位时，两黄旗大臣却只提立皇子不提立豪格；而此前雄心勃勃要与多尔衮一争高下的豪格在态度上也来了一个大转弯，称自己福小命薄，难当重任并离席而去。

这不是豪格表面上所做的一种姿态，离席而去是弃权的表示，哪里有一点与多尔衮势均力敌的样子。但是多尔衮却并未当上皇帝，因为就在此时，大政殿内的两黄旗大臣都抽出佩剑上前，誓死要立皇子，大政殿外两黄旗护军侍卫刀出鞘、箭上弦，紧紧包围了议政会议所在地。大家想象一下，如果此时不让福临即位哪个能活着出宫？在皇宫中舞刀弄枪，没有中宫皇后哲哲及庄妃的默许是无人敢为的。应该说，庄妃的对手多尔衮也是位政治家。权衡之下，他选择了拥立幼子福临而自己做摄政王，为其于顺治初年独揽朝纲做了铺垫。福临即位登基，改年号为顺治，庄妃被尊为"圣母皇太后"。

多尔衮对皇位垂涎已久，但为何在关键时刻选择主动放弃呢？是缺乏与豪格抗衡的力量吗？不一定。或许是多尔衮为大局考虑，为避免内乱而作退让。但促成此事的，还有一个重要的因素——孝庄的幕后活动。

作为大清皇族中的一员，孝庄心里明白内乱会造成什么危害。若使双方的对立缓和，只有异中求同；若双方的要求都得到满足——既要满足大臣立皇子的要求，又要使多尔衮的权力欲望不致落空，解决此问题唯一办法是扶立幼主；当时的小皇子有四五位，谁来继承大统呢？孝庄施展政治手腕，笼络多尔衮，使多尔衮采纳了她的方案，把她的儿子福临抱上了皇帝的御座。

■ 一切为了孩子

事实上，多尔衮对皇位心向往之。但由于他在早先倡立福临为帝，话一说出，便很难推翻前议了。尽管他高居摄政王之位，掌握大清军政大权，一人之下，万人之上，但未畅其所愿，还是一种遗憾。因此，在激烈动荡的戎马生涯中，他的精神时常陷入一种矛盾自责的痛苦之中。随着他功业的日渐累进，他对权力的欲望日渐强烈。偷用御用器皿、私造皇帝龙袍、对镜自赏等均是他的可笑之举。当年阻止他获得皇位的豪格，在顺治元年就被罗织罪名，被贬为庶人，最终至死。与他同居辅政王之位的济尔哈朗，尽管开始就很知趣地退避三舍，拱手让出权力，但终因曾依附过豪格，被贬为郡王。多尔衮命史官按帝王之制为他撰写起居注，并营建规模超逾帝王的府第。实际上，多尔衮掌握着一切权力。孝庄在多尔衮的步步进逼下，采取了退让、隐忍、委曲求全的态度。她不断给多尔衮戴高帽、加封号，为的是不让多尔衮废帝自立。顺治四年，停止多尔衮御前跪拜。同年，孝庄以太后的身份下嫁给摄政王，福临称多尔衮为皇父，诸臣上疏称皇父摄政王。遇元旦或庆贺大礼，多尔衮与皇帝一起，接受文武百官朝拜。

太后下嫁摄政王一事，史学界尚有争议。有的小说家试图从爱情角度去解释这桩婚姻，这未免有点理想主义。多尔衮生活放纵，拘豪格之妻，又擅娶朝鲜国王族女，这是官书明载的事情。

太后下嫁，迫于时势，何谈爱情。更何况，尽管孝庄再三退让，最后屈身下嫁，多尔衮对皇位的觊觎并未丝毫退减。福临继位后，诸臣多次提出给皇帝延师典学，多尔衮对此置之不理，有意让福临荒于教育，做一个"傻皇帝"，致使福临14岁亲政时，对诸臣奏章依然茫然不解。

顺治七年（1650年），多尔衮死于出猎，被追封为"诚敬义皇帝"，用皇帝丧仪。福临亲政不到两个月，就宣布多尔衮"谋篡大位"等种种罪状，削爵毁墓并撤去太庙牌位，籍没家产，多尔衮的党羽也受到牵连。和硕郑亲王济尔哈朗更是取而代之，成为了一个新的权力集中点。孝庄敏锐地发现了这一苗头，防微杜渐，让福临发布上谕，宣布一切章奏悉进皇帝亲览，不必启济尔哈朗，消除了可能产生的隐患。少主在太后的教导下，如饥似渴地吸收汉文化，大胆使用大汉整顿吏治等方面的治国之道，为清初政治开创了一个新局面。

■ 皇家矛盾的旋涡

政治斗争刚刚平息，孝庄又陷入了家庭矛盾的旋流之中。大清帝国的建立，蒙古八旗立下汗马功劳，蒙古王公在清廷政治生活中，一直是一股倚为股肱的力量。因此，清太祖在位时就定下了一大国策——满蒙联姻。为了确保这种关系代代相传，也为了确保自己家族的特殊地位，福临继位不久，孝庄就册立自己的侄女、蒙古科尔沁贝勒吴克善的女儿博尔济吉特氏为皇后。顺治皇帝亲政的同一年就举行大婚，以正中宫之位。自古帝王婚姻，总是带有一些政治色彩，而福临恰恰缺乏这种胸怀，他更多以自己的好恶来对待这其中的关系。皇后博尔济吉特氏聪明、漂亮，但喜奢侈，且易妒。作为一个出身贵族的女子，有这些缺点无可厚非，但福临却不能容忍，坚决要求废后另立。福临生性执拗，尽管大臣们屡次谏阻，但仍坚持己见，不作退让。顺治十年（1653年），孝庄见依然坚持废后，就只好同意，皇后被降为静妃，移居侧宫。为了避免旁生事端，孝庄又选择蒙古科尔沁多罗贝勒之女博尔济锦氏进宫为妃。但福临似乎对这位蒙古草原里来的姑娘同样不喜欢，反而如痴如醉地恋上了同父异母的弟弟博穆博果尔的福晋董鄂氏。董鄂氏隶属满洲正白旗，其父鄂硕任内大臣，封三等伯。董鄂氏不但通诗文，且性格温顺，仪表端庄，举止言语有大家风范。顺治十年，应秀女之选，嫁与博穆博果尔。博穆博果尔时常从军出征，董鄂氏出入宫苑侍侯后妃，与福临相识并双双坠入情网。孝庄察觉到了这件事的危险性，便立刻采取措施，宣布停止命妇入侍的旧例，同时抓紧为儿子完婚，博尔济锦氏随即成为第二任顺治皇后。然而，这一切并不能阻止福临对董鄂氏的迷恋。为了获得更多接近董鄂氏的机会，顺治十二年（1655年），福临封博穆博果尔为和硕襄亲王，以示优宠。后来博穆博果尔得悉其中内情，愤怒地训斥董鄂氏。此事被福临获悉后打了弟弟一耳光，弟弟博穆博果尔羞愤自杀。此事发生在顺治十三年（1656年）七月。而此事也是一个猜测，没有任何史料可以佐证。

宫中发生了这种事情，传扬出去皇家颜面全无，孝庄悄悄地处理了这件事：博穆博果尔按亲王体例发丧，二十七天丧服期满，董鄂氏被接入宫中，封为贤妃，一个月后，又按儿子的意愿，晋封她为皇贵妃。

皇贵妃在后宫的地位仅次于皇后，不过福临对董鄂氏的感情，已到了无以复加的地步。他认为董鄂氏有德有才，正是理想的皇后人选，因此准备二次废后。假如福临再度废后，改立董鄂氏，蒙古女人失去中宫主子之位，势必影响满蒙关系，倾动大清帝国的立国之基，孝庄毫不犹豫地对儿子的举动进行了抑制。结果，母子间出现隔阂，顺治皇帝甚至公然下令抠去太庙匾额上的蒙古文字，而那位生活在感情荒漠中的蒙古皇后，对于安排自己命运的同族婆婆并无丝毫感激，相反，把不幸和怨恨统统归集到太后身上，连太后病倒，也不去问候一声。对于这一切，孝庄都忍受了。宽容理解是她的原则。这种微妙紧张的母子婆媳关系维持了五六年，幸而她有多年的政治经验和坚毅的性格，清帝国的基业才不致因后宫的倾动而发生动摇。孝庄这种苦心，福临与皇后恐怕都不理解，倒是通达人情的董鄂氏能够体谅孝庄的苦衷，她主动周旋于皇后与皇帝之间，缓和调节双方矛盾，有时起到孝庄所难以达到的作用。唯其如此，孝庄有什么事总是找董鄂氏商量，有什么话总是找这个儿媳妇说，以至于到后来，婆婆对儿媳几乎到了不能离开的地步。

顺治十四年（1657年）十月，董鄂氏诞下一子，四个月后不幸夭折，丧子之痛使她积郁成疾，深宫矛盾的精神重负让她原来有病的身体更加虚损羸弱。顺治十七年（1660年）八月，董鄂氏病故。顺治十八年（1661年），顺治病逝。

■ 祖孙同心治天下

顺治临终时，原属意亲王岳乐继承大统。但是孝庄属意却是玄烨，因此说玄烨是孝庄一手扶立起来的。玄烨八岁即位，10岁时生母佟佳氏亡故，照看他的是祖母孝庄太皇太后，因此祖孙二人感情十分融洽。孝庄不仅关心他的饮食起居，而且对他的言谈举止，都立下规矩，严格要求，稍有逾越，便对其严厉批评，不稍宽纵与假贷。在孝庄的教导下，玄烨健康成长。一个未来杰出帝王的特质和才具，在少年时期便打下了根基。铲除鳌拜集团后，孝庄还政于康熙，自己则在一旁对他督促提醒，让他在实践中得到锻炼，告诉他用人之道，提醒他安勿忘危、勤修武备等。对于祖母的谆谆教诲玄烨非常尊重，重大事情无不先一一征求祖母的意见。在祖孙二人的携手努力下，清王朝于动乱中稳定了下来，经济也从萧条走向了繁荣，为平三藩、统一台湾和边疆用兵等大规模战争奠定了物质基础。

清王朝在康熙时期走向了它的第一个黄金时代，与孝庄的功劳和心血是密不可分的。在生活中，孝庄俭朴，不喜奢华，平定三藩时，把宫廷节省下的银两捐出犒赏出征士兵。每逢荒年歉岁，她总是把宫中积蓄拿出来赈济，全力配合、支持孙子的事业。她的表率行为，更使皇帝增加十二分敬意。康熙二十一年（1682年）春，皇帝出巡盛京，沿途几乎每天派人驰书问候起居，报告自己行踪，并且把自己在河里捕抓的鲢鱼、鲫鱼脂封，派人送京给老祖母尝鲜；康熙二十二年（1683年）秋，康熙陪祖母巡幸五台山，一到道路坎坷之地，康熙就下轿亲自为祖母扶辇保护。孝庄与皇帝这种亲密和谐的关系，反映了她的为人，与两百年后同样经历三朝、对中国政治产生重大影响的慈禧太后是截然不同的。

康熙二十六年（1687年），孝庄终因年事已高病倒。康熙皇帝见祖母病重，心急如焚，他昼夜守在慈宁宫里，衣不解带，睡不安寝，所有的药品及食物亲自调理，送至祖母唇边。祖母安睡时，他也不肯离去，隔着幔帐静候，席地而坐，一听到皇太后的声息，

▲ 孝庄像

立即上前到榻前,凡是祖母所需,亲手奉上。在孝庄病重的一个多月里,康熙一刻不离开祖母的病榻,而孝庄疼爱孙儿,常劝其回宫内休息,但康熙皇帝都不肯离开。见祖母的病情越来越重,康熙每日至佛堂祷告,他在佛前许愿,如果能让祖母身体康复,自己情愿用自己的寿命换祖母的寿命。其情其景,催人泪下。

然而自然规律是无法抗拒的,同月二十五日,孝庄走完了她的人生旅程,以75岁的高寿安然离开了人世。康熙皇帝给祖母上了尊崇的谥号——孝庄仁宣诚宪恭懿至德纯徽翊天启圣文皇后。

综观孝庄的一生,她历经三朝,辅佐了两位幼主建功立业。为清朝立国和江山巩固立下卓越功勋,她是一位伟大的女性,更是一位伟大的母亲。清王朝在康熙朝形成第一个黄金时代,其中包含了孝庄的一份功劳和心血。

 知识链接

孝庄文皇后与孝庄皇后是不是一个人

很多人了解孝庄皇后,是通过影视剧的途径。在查阅一番后,会比较好奇,清朝历史上能查的是孝庄文皇后。那么有人就会疑惑,孝庄文皇后与孝庄皇后是一个人吗?

其实,孝庄文皇后和孝庄皇后是同一个人,那为什么历史上说明的会多出一个文字呢?这其实和清朝皇后谥号有关。

按照规定,清朝皇后谥号都是以"孝"开头,中间是皇室后代们对

她们歌功颂德的文字谥号，结尾则是她们各自丈夫，也就是皇帝的谥号。

孝庄文皇后的丈夫是清太宗皇太极，后者于1643年逝世，他的谥号是应天兴国弘德彰武宽温仁圣睿孝敬敏昭定隆道显功文皇帝。大家可以简称为"文皇帝"。

皇太极生前，孝庄皇后本来只是永福宫庄妃，还不是皇后。因为后来她的儿子福临成了皇帝，母凭子贵才让她拥有了皇太后的称号。于是按照清朝皇后谥号的定法，孝庄皇后死后，康熙皇帝为她定的谥号是：孝庄仁宣诚宪恭懿翊天启圣文皇后。随后经过雍正、乾隆两位皇帝的累加的谥号，最终就是：孝庄仁宣诚宪恭懿至德纯徽翊天启圣文皇后。简称也就成了孝庄文皇后。所以，大家了解的孝庄文皇后与孝庄皇后是一个人。

至于孝庄皇后这个称呼，则是民间传扬所得，现代影视作品，通过各种渠道编写的剧情，也多以孝庄皇后相称。至于这个称呼的出处，因为年代太过久远，已经无从考究。

第六章
政治婚姻红颜薄

　　一个国家,外有邻邦之危,内有诸侯之乱。结为秦晋之好是缓和或维持交好关系的一种重要手段,更是当权者的一种政治策略,好处自不必说,但牺牲的却是那些梨花带雨的俊俏脸庞,这类皇后肩负着维持和平的任务,即便牺牲了自己,就真的能和平吗?这个问题只留给史官们去评说吧。

第一节　张嫣：清丽之花有谁知

■ 一场背离人伦的婚姻

张嫣的家世显赫，其外祖父是汉朝开国皇帝汉高祖刘邦，外祖母是汉高后吕雉，祖父是赵王张耳，父亲是嗣赵王张敖，母亲是鲁元公主，这位鲁元公主就是刘邦当年被项羽追得走投无路之时无奈之下踢下车的那位公主。然而，显赫的家世并没有给张嫣带来多少幸福，在外戚、宦官、权臣、皇族争权夺利的社会，她宛若一朵默默无闻的鲜花，悄无声息地美丽绽放，然后又静静地凋落。

公元前191年的一天，长安城未央宫张灯结彩，场面宏大、豪华气派的皇帝大婚典礼在这里举行。年方二十岁的汉惠帝刘盈身着婚服，站立在未央宫前殿的殿门口，准备迎娶他的皇后。可是，人们无法从新郎年轻的脸上看到大婚的喜悦，脸上反而现出一丝忧虑与无奈，甚至是悲愤。刘盈要迎娶的皇后不是别人，正是自己的亲外甥女——张嫣。张嫣是刘盈看着出生、看着长大的，一直叫自己舅舅，可是今天却要成为他的妻子。这实在是太荒唐至极！谈起这桩荒唐的婚姻还要从张嫣的家世谈起。

在汉惠帝刘盈该谈婚论嫁的年龄，吕后曾为儿子娶了一个妃子，但这个妃子没几年就去世了。刘盈继位后，吕后准备再选一个贵族女子立后。为了维护自己的统治，牢牢控制皇权。吕后居然打起张嫣的主意，是谓"亲上加亲"。

刘盈当然无法接受外甥女作妻子的安排。对吕后说："张嫣是我的外甥女，这有悖伦常，况且她还是个未成年的幼女。"

吕太后当即就驳了回去："现在年幼，将来不就年长了吗？不妨先娶回来再说。至于伦常，外甥与舅舅的关系根本不在五伦之内，何谈乱伦，况且张嫣身份高贵、绝色无双，天下无可比。"刘盈知道母后心狠手辣，在母亲的压力之下，他也只好顺从了母后的意思。

汉惠帝三年秋，刘盈正式册立外甥女张嫣为后。是年，张嫣仅有十岁，而她的亲娘舅兼新婚丈夫已经21岁了。吕太后也知道张嫣年龄太小，担心朝臣们非议，对外佯称皇后12岁。不过张嫣体态丰盈，看上去约莫十二三岁，这一场荒诞的婚姻也就对世人欺瞒了过去。

到了婚典那天，张嫣穿上皇后礼服，戴龙凤珠冠，拜辞父亲张敖后，来到未央宫前殿，从此开始了她26年的深宫生活。

礼毕入宫，其他不相干的闲人都散了。张嫣端坐在榻上，刘盈端着烛台近前端详自己的皇后。张嫣生得漂亮，姿容秀美、典雅端庄，她的父亲张敖一表人才，知书达礼；母亲鲁元公主温淑娴雅，气质高贵，仪容飘逸。张嫣在儒雅的环境中长大，受到了良好的教育，尽管自己年纪尚幼，却无法掩饰其娴静、高雅的气质，加上她天生丽质，因此，汉惠帝很喜欢这个秀外慧中的小外甥女，经常把她招进宫来，赏赐她一些小礼物。当然了，外甥女与妻子的角色是完全不同的，让这二者合一，刘盈在心底无论如何也无法接受。刘盈也从来不在皇后处留宿。因为张嫣长得比较随父亲张敖，刘盈常戏称张嫣为"张公子"。张嫣可不是个花瓶摆设，也是有真才实学的。秦始皇嬴政焚书坑儒后，曾下令民间不许私藏图书，违者诛其族，史称"挟书律"。刘邦建汉后，并没有废除这项极不合理的法令，直到汉惠帝刘盈时，才废除"挟书律"。直接导致废除"挟书律"的，竟然是小皇后张嫣。

　　张嫣好读诗书。一次，张嫣正在读书，刘盈笑问张嫣："你怎么也学起儒生来了？难道没听说过秦始皇焚书坑儒之事？"张嫣笑答："臣妾曾经听父亲说过，秦朝之亡，多半由此，弊法实不足效。陛下是个明君，怎么也学起秦始皇来了？臣妾为陛下觉得可惜。"刘盈听着颇有道理，便下诏废除了"挟书律"，此后民间大兴藏书热，这一举措促进了民间文化的繁荣，着实要感谢张嫣。

　　惠帝在张嫣入宫之前就已经有了五个孩子，张嫣入宫时年纪尚幼，加之惠帝与她的关系多少有些荒唐，因此二人一直分居异处。张嫣一直未孕珠，而后宫其他女子却多有生育，吕后对此非常不满，曾想方设法让张嫣生子，但张嫣却始终没有怀孕。一次，一个宫女怀了惠帝的孩子，吕太后就命张嫣谎称自己怀孕，待那个孩子生下后，就夺过来说是皇后之子，并将那位宫女杀害。后来还千方百计地说服惠帝将这个孩子立为太子，张皇后对此啼笑皆非，却也同惠帝一样无可奈何。张嫣的心里明白，惠帝的心里也非常清楚，他们依旧是舅舅与外甥女的关系，不可能会诞下皇子。

公元前188年，年仅23岁的汉惠帝刘盈在未央宫驾崩，十四岁的张嫣便成了新寡。在刘盈入殓时，张嫣哭得梨花带雨。国不可一日无君，吕后便立刘盈和嫔妃所生之子为皇帝，自己临朝称制，做起了有实无名的女皇帝。张嫣年龄尚幼，但名分还在，吕雉专政后，张嫣仍居中宫，以孝惠皇后的身份抚养少帝。

张嫣与吕后的关系融洽，吕太后为绝后患，打算诛杀异姓功臣，幸而张嫣苦劝，这才平息一场风波。吕太后做了八年的"皇帝"，在她临走的时候，曾经要求张嫣在她死后，可临朝称制，有曲逆侯陈平和绛侯周勃辅佐，当无大事。张嫣应该知道此时吕家公侯满门，兼有兵权，刘氏宗室早就恨之入骨，双方早晚要翻脸，犯不着和吕家走得这么近，便坚决不从。

公元前180年，临朝听政的太皇太后吕雉崩逝。没过多久，吕禄、吕产等人便图谋作乱，企图推翻刘氏天下取而代之。吕氏传权，大汉刘氏天下大权旁移，汉朝宗室和勋贵大臣谁也不会答应，吕氏若是得了势，他们以后何去何从，在刘章、陈平、周勃等人的合力对抗之下，打击了吕氏的叛乱，废掉了吕氏羽翼下的少帝刘弘，诛杀吕氏族人，迎立高祖次子代王刘恒，是为汉文帝。

■ 幽居深宫尝人间冷暖

汉文帝的美名是传诵至今，文景之治当属事实，但刘恒万般皆好，唯独在对前皇后张嫣的态度上做得有些过分。刘恒刚刚登基之时，便将张嫣逐出长乐宫，幽禁于北宫。北宫是一处极为幽静的院落，朝臣们都知道张皇后与吕后乱政并无关系，因而没有在诛灭吕党时杀害她。自此，她在北宫中无声无息地过着孤独的生活。

皇宫中的人情冷暖已是常事。张嫣失了势，宫中那些势利之人便落井下石，经常来北宫找张嫣的麻烦。甚

▲ 张嫣像

至刘恒最宠爱的慎夫人也在其中。对此，刘恒装聋作哑，不闻不问。张嫣虽然行同囚犯，但她的美名却不是一个小小的宫院可以拦住的。

北方匈奴也知道孝惠帝遗孀是个绝色美女，中行为了讨好匈奴单于稽粥，便添油加醋地向稽粥描绘张嫣的美貌。稽粥果然动了心，书信一封写与刘恒，请求汉朝将张嫣送到匈奴，做他的阏氏。张嫣虽为前朝遗孀，但身份还在，此事事关大汉国体，非同儿戏。刘恒便派使者去匈奴说服稽粥。稽粥问汉使："我听说孝惠皇后艳丽无比，果真如此吗？"汉使机智言道："单于听何人所言？根本没此事。孝惠皇后貌丑赛东施，脸大发黄，还有黑斑。"稽粥笑道："不管怎样，孝惠皇后也算是你们的国母，怎能如此污蔑，简直是一派胡言！"不过稽粥到底没有得到张嫣。

惠帝死后，张嫣就这样默默地存在于这个冷漠的世界上，弹指一挥间，已经过了二十九个年头了，没有人知道她在想什么，她在做什么。汉文帝后元年，张嫣悄无声息地死去，年仅36岁。

汉惠帝和张嫣的一段凄苦的政治婚姻就这样安静地结束了，两个人在这场婚姻中都是不幸的，一场背离人伦的婚姻，记载了一段被权力和欲望扭曲的历史。

第二节　萧皇后：历经五位君王而不衰

■ 晋王妃助夫夺嫡

萧皇后是南朝梁明帝之女，天保二十年（581年）二月出生于后梁国都江陵。此女天生丽质，芳华绝代。

萧皇后出生的那年，北周杨坚接受静帝禅位，是为隋文帝，八年之后隋军攻进建康，统一全国。隋文帝的二子晋王杨广在平陈战争中战功赫赫，为了表彰他，文帝除了给他加官晋爵外，还赐婚与他。诏天下名门世家，皆将家中待字闺中的女儿的生辰八字呈上朝庭，以便为年方21岁的杨广选一王妃。最终选中刚满九岁的萧氏女。因为萧氏女的年纪尚幼，接入宫中后并未马上成婚，独孤皇后对这位稚嫩可人的小媳妇非常喜欢，把她当成是自己的女儿抚养，并为她请了许多师傅，教她读书、作文、绘画、弹筝。聪明过人的萧氏女学什么像什么，往往一点就通，四五年下来，她不但出落成一个明艳秀丽的小美人，而且知书达理，多才多艺。

此时的晋王杨广正驻守在扬州，按朝规他每年须进京朝觐一次，此次他便能见到他未来的妻子萧氏女，见萧氏女出落得如此动人，他不能不为之心动。隋文帝与独孤皇后商议决定，在开皇十三年（593年）杨广入朝时，就为他与萧氏女完婚。杨广时年25岁，新娘才刚满13岁。

大婚当天，杨广心花怒放，这是因为他们合婚之人曾私下向杨广透露萧女命中注定要入主中宫，母仪天下。萧氏女既然要母仪天下，那么作为丈夫的他不就是一朝天子吗？尽管他此时不是太子，但他仍然满怀希望，因此他视萧妃为自己命中的福星，对她更是珍爱备至。有了萧妃这颗希望之星，原本不对王位作他之想的杨广，开始有计划地与大哥杨勇展开储位之争了。杨勇此时已被立为太子，却因冷落了太子妃元妃引起了严治后宫的母亲独孤皇后不满。杨广借机而入，故意在母亲面前极力装出一副仁孝的样子，还有意做出疏远萧妃专心政务的姿态。聪明识体的萧妃也在一旁积极配合与他，还时常到独孤皇后那里哭诉杨广只顾政务冷落了自己。如此一来，他们夫妻二人终于打动了独孤皇后，最终废除杨勇太子之位，将杨广推上了太子的宝座。

一年后，独孤皇后病逝，隋文帝摆脱了妻子的严厉约束，开始沉溺于酒色，无心朝政，把行政大权交给了太子杨广。事实上，从仁寿二年以后，太子杨广就开始掌有皇帝之权了。一次隋文帝看到宠姬宣华夫人仓促从外面进来，神色异常，便询问她出了何事。陈氏痛哭流涕道:"太子无礼!"文帝大怒:"畜生!何足付大事!独孤误我!"于是命兵部尚书柳述、黄门侍郎元岩拟诏,要召回废太子杨勇。岂料消息败露,柳、元二人被抓,杨广派亲信右庶子张衡入皇帝寝殿侍奉。不久,隋文帝驾崩。

■ 隋炀帝的皇后

宣华夫人听到隋文帝驾崩的消息后,顿时战栗失色,她失去了保护伞,曾被她得罪的杨广定不会放过她。当日薄暮时分,杨广派人送来一只锦盒,宣华夫人以为是让她自尽的鸩毒,迟迟未敢打开。经不住使者的一再催请,她双手颤抖地打开锦盒,里面竟是盛着一个五彩丝线编成的"同心结",宣华夫人明白了杨广的心意,宫人们纷纷向她道喜,她自己的心情却杂乱如麻。此时,太子杨广已经在宫灯的引导下,悄悄前来会见宣华夫人。

次日,举哀发丧,丧事毕后,太子杨广遂即位,是为隋炀帝,萧妃自然也就成为了皇后。印证了"母仪天下"的预言。此时,杨广36岁,萧皇后24岁。隋炀帝觊觎已久的皇位终于到手,再也没有谁能约束于他了,因此,他彻底露出了他那贪欢好色的本来面目。萧皇后已与他做了十余年夫妻,他本喜新厌旧之人,这时他又想到了宣华夫人。于是,他每日下朝后,便到宣华夫人处寻欢作乐,把个同舟共渡十余年的萧皇后冷落一边。萧皇后自然咽不下这口气,她利用皇后的权力逼迫宣华夫人迁往偏僻的仙都宫，断绝她与隋炀帝的来往。

自从宣华夫人远离后，隋炀帝惘然若失，整日郁郁寡欢，脾气也越来越暴躁，对萧皇后置之不理。萧皇后见此情景，知道采取这种强硬的方法并不能换回隋炀帝的心，不如索性成全他们，自己也能讨得炀帝的欢心，反正自己已居后位。于是，她诚恳地对炀帝说："臣妾因笃念夫妻之情，才劝陛下遣去宣华夫人，岂料陛下如此眷恋，倒把妾看作是妒妇而不可理喻，是妾求亲而反疏也。不如传旨，召宣华夫人入宫，朝夕以慰圣怀，妾也能分享陛下之欢颜。"

隋炀帝听后大喜，急忙派人前往仙都宫宣召宣华夫人。使者回来时，没召来宣华夫人，却带回夫人所写《长相思》词一阕：红已稀，绿已稀，多谢春风著地吹，残花离上枝。得宠疑，失宠疑，想象为欢能几时，怕添新别离。

隋炀帝看了以后，明白宣华夫人的心思，她心中顾忌萧皇后，同时也想乘机绝断与自己的关系，以明旧志。隋炀帝当然不会就此罢手，当即依韵和词一阕：

雨不稀，露不稀，愿化春风日夕吹，种成千万枝。思何疑，爱何疑，一日为欢十二时，谁能生死离。

他的爱意之情跃然纸上，又遣快马送往仙都宫。盛情难却，宣华夫人只得重施脂粉，再画娥眉，再入宫去。说不尽的朝欢暮乐，道不完的男欢女爱，可惜美景不长，半年之后，宣华夫人一病不起，炀帝伤心欲绝，整天长吁短叹，再也打不起精神。萧皇后见状劝解道："宣华虽死，何不更选佳者，天下之大，难道就没有国色天香的丽人么？"

一语惊醒了沉醉于旧梦中的隋炀帝，他只是贪恋宣华夫人的美色，只要另有美人填补，他便可以忘却伤心。于是他一边下诏广征天下美女，一边派遣匠作大将宇文消总管营建东都洛阳，先建显仁宫，后修西苑，广泛搜罗海内外奇材异石，佳木珍草充实其中，准备安置好美女后，他便可以在那里尽享人间乐趣了。

纵然萧皇后有天仙般的美貌，但隋炀帝早已司空见惯，不以为奇了，所以一心征选新的美女入宫。而萧皇后深知这个风流的皇帝丈夫，不会像他父亲那样容易就范，自己也不具备独孤皇后那样的专制本事，皇帝拥有三宫六院、成群嫔妃又素有古制。因此只好放宽心思，睁一只眼闭一只眼地随机识趣了。其实，不能不说萧皇后这是明智的举措，位极至尊的皇帝反正也管不了，不去惹他反而保全了自己。正因为萧皇后的忍让大度，所以沉缅于酒色的隋炀帝对她一直十分礼敬，自己享乐也不忘了萧皇后。

西苑的十六院已建成，但尚且缺少美女主持其中，于是隋炀帝与萧皇后一道，从应征而来的天下美女中，选出品端貌妍的十六人，封作四品夫人，分别主持各院，这十六院分别为：景明院、迎晖院、栖鸾院、晨光院、明霞院、翠华院、文安院、积珍院、影纹院、仪凤院、仁智院、清修院、宝林院、和明院、绮阴院和降阳院；接着又选出三百二十名美女学习吹弹歌舞；次一等的则分为十人一组，分配到各处亭台楼榭充当职役。

隋炀帝偕同萧皇后在西苑泛舟湖上，在亭榭里赏花，在海山殿上饮宴并欢赏歌舞，在嫩草如茵的草坪上驰马追逐嬉戏，其乐融融。然而，待到华灯初上之时，十六院的女主人，个个打扮得花枝招展，由宫女簇拥着站在院门前由炀帝挑选，炀帝与萧皇后同辇流览，炀帝看到中意的便下辇到该院留宿，与该院主人欢度良宵；此时，萧皇后就独自乘辇知趣地离开，回到海山殿独守幽苑。

■ 宇文化及的淑妃

在隋炀帝放荡酒色之际，萧皇后却冷冷清清地度过一个又一个寂寞的长夜。这时的萧皇后方才30来岁，虽然有享不尽的荣华富贵，可她那颗充满激情的心仍觉得空荡荡的。

不久，海山殿的护卫校尉宇文化及年轻英俊的身影深深映入了她的眼帘，于是她心生爱慕，施以恩爱。其实宇文化及也早就被这位美丽而孤独的皇后迷住了，但碍于她的身份，他并未表达心中所想。

在一个风狂暴雨之夜，万籁俱寂，未能入眠的萧皇后起身在大厅中踱步，正巧遇上正在巡守的宇文化及。四目相撞，自然能撞出闪亮的火花，一股热流冲击着两个期望已久的人心。从此，宇文化及借起职位之便，乘隋炀帝梦醉迷宫时，就俏俏与萧皇后相会。

为了饱览江南秀色，隋炀帝下令凿通了连及苏杭的大运河，然后带领萧皇后及众多佳丽浩浩荡荡幸游江都。炀帝下江南时，只见运河中舳舻相接绵延二百余里；骑兵沿岸护卫，旌旗蔽野；龙船摇橹拉纤的都是年轻的宫女，柳腰款摆，姿态曼妙，让隋炀帝大饱眼福，谓之"秀色可餐"。而宫女们梳妆洗下的脂粉流满了运河，香气数月都不散尽。大业六年，扬州壮丽的离宫落成，隋炀帝偕同萧皇后再次游幸江都，炀帝还写下了著名的《春江花月夜》一诗：

暮江平不动，春花满正开；流波将月去，潮水带星来。

然而，这种艳丽奢侈的享受，不知搜刮了多少的民脂民膏，民怨四起。因而，大业十二年秋，隋炀帝准备偕萧皇后第三次游江都时，大臣们苦苦劝谏："若再纵情游乐，天下恐生变故！"隋炀帝却毫不在意地说："人生自古谁无死，年过半百不为天。"他觉得只要自己能享尽繁华，即使国破人亡也不足为惜。

第三次来到江都之时，可惜江都的繁花已开尽，隋炀帝又想东游于会稽，便命人开凿通会稽的江南河，谁料运河尚未凿成，天下已经大乱。太原留守李渊攻下长安，宇文化及与兄长宇文智及在扬州起兵造反，率兵进入离宫，刚满五十岁的炀帝在寝殿西阁被乱臣杀死。

此时，宇文化及已经升迁为右屯卫将军了，好几年不曾单独与萧皇后相处，这次杀死隋炀帝，也多半出于迫不及待地要与萧皇后相会的心愿。萧皇后万万没有想到领兵作乱的贼子是宇文化及，她责备他的恩将仇报，愤怒地要求他为隋炀帝按天子之制举行厚葬。宇文化及满足了她的要求。之后，萧皇后无可奈何地成了宇文化及的偏房。宇文化及沉迷于美色，很快便忘了自己的政治扩张。这时，窦建德在中原一带起兵，并获节节胜利，直捣江都，宇文化及抵挡不及，节节败退，最后带着萧皇后退守魏县，并自立为帝，萧皇后遂成为淑妃。

■ 窦建德的宠妻

没过多久，魏县又被攻破，宇文化及仓皇退驻聊城，窦建德率军乘胜追击，最终攻下聊城，宇文化及就此牺牲。此次距隋炀帝之死，还不过一年之久。取得胜利的窦建德又被萧皇后的美色迷住，将其收为己妾，在乐寿地方纵情于声色之娱，又是一个忘记政治抱负的粗鄙青年啊。

无奈窦建德的原配妻子曹氏是狠角色，她对窦建德迷恋萧皇后一事从中横加干涉，常在二人浓情蜜意之时不期而至，撒泼发怒。此时北方突厥人的势力迅猛地发展壮大，有直逼中原之势。原来，远嫁给突厥可汗和亲的隋炀帝的妹妹、萧皇后的小姑义成公主，听到李渊已在长安称帝，又打听到萧皇后的下落，就派使者前来到乐寿迎接萧皇后，窦建德不敢与突厥人正面发生冲突，就只好乖乖地把萧皇后交给来使。

战乱中的萧皇后经历了一次又一次的感情波折,她的心被伤的已是千疮百孔。比起这个伤心之地,她更愿意远走大漠,以结束自己对命运的嗟予婉叹,更希望在一个新环境下,自己有一个新的生活。

■ 两代突厥番王的王妃

然而,萧氏的命运并非就像她期许的那样。突厥可汗见到萧皇后的风采,顿感天下之美都集于此女一身,迫于无奈,萧氏便由隋天子的皇后变成了番王的爱妃。时势至此,命运已经不能由她自己掌握,那也就只有听天由命吧!

后来,老番王死了,由颉利可汗继位,按突厥人的风俗,老番王的妻妾——义成公主与萧皇后姑嫂二人遂被纳入新任番王的帐下。十年之后,也就是唐太宗贞观四年,唐朝大将李靖大破突厥,迎回了萧皇后。这时萧皇后已是四十八岁的半老徐娘了,而唐太宗李世民才三十三岁,但萧皇后入朝时,李世民见她云鬓高耸,雾鬟低垂,腰似杨柳,脸似牡丹,美眸流盼,仪态万千,完全没有这个年龄应有的老态,比一般的少女又多一份独到的成熟果实般诱人的风韵,才华盖世的李世民不禁为之心旌摇曳。再加上萧氏饱经离乱而孕育出来的楚楚可怜之情态,更加令李世民由怜惜而生爱怜。

■ 唐太宗的昭容

顾不得年龄的悬殊,更不在乎世人的眼光。唐太宗李世民在萧皇后身上体会到一种成熟女人的风韵。更感受到一种类似姐姐与母亲般的温馨,使他为繁重国事所累的心得到抚慰。就这样,萧皇后被唐太宗封为昭容,成了大唐天子的爱姬。

李世民成为皇帝后,为了避免重蹈隋炀帝的覆辙,在宫中励精图治,崇尚节俭。萧皇后来到宫中时,他破格举行了一次盛大的宴会来欢迎她,四处张挂着华丽的宫灯,歌舞姬们献上轻歌曼舞,桌上堆满山珍海味,唐太宗以为这种场面已够豪奢了。因此问身旁的萧昭容:"卿以为眼前场面与隋宫相比如何?"

其实,眼前这个排场比起隋宫里的豪奢情形还差得远呢!隋宫夜宴时并不点灯,而是在廊下悬挂一百二十颗直径数寸的夜明珠,再在殿前设火焰山数十座,焚烧檀香及香料,既可使殿中光耀如白昼,又有异香绕梁,如入仙境,每晚烧掉的檀香就有两百多车。对此,萧昭容不便明说,只是平静地说道:"陛下乃开基立业的君王,

▲ 萧皇后像

何必要与亡国之君相比呢！"唐太宗立即明白了她话中的含义，深被她的明晓事理和言语得体而折服，对她愈加敬重和疼爱了。

在唐宫中，萧皇后度过了18年平静的时光，67岁那年溘然而逝。在她的一生中享尽了荣华富贵，但也历尽了沧桑劫难。李世民将其以皇后之礼葬于杨广之陵，并上谥愍皇后。

第三节　婉容——中国最后一位皇后

■ 末代皇后的悲惨一生

清朝末年，最后一个皇后婉容，仪表大方、容貌秀美，但最终却落得一个悲剧的结局，可谓是历史上典型的红颜薄命。

郭布罗·婉容，达斡尔族，正白旗，1906年出生于内务府大臣荣源府内。她长得亭亭玉立，楚楚动人，身材姣好，明眸皓齿，又有大家闺秀的风度，真正是一位窈窕淑女。可惜婉容只活了41岁，1946年8月，因精神分裂症，死于吉林省敦化县。

1922年，已满17岁的婉容因其不仅容貌端庄秀美、清新脱俗，并且琴棋书画无所不通，这是在贵族中大家都知道的。

同年，婉容被选入宫，成为清朝史上最后一位皇后。然而婉容的当选并不是因为她的美丽与多才，而是因为皇帝溥仪随手在她的照片上画了一个圈，同时也就圈定了婉容凄苦的一生。与婉容同时入选的还有另外一个少女——文绣，但因为文绣家族势力较之婉容要弱，因此文绣退而居其次，成为了皇妃。然而现在看来，婉容成为皇后却正是她一生不幸命运的开始。

住在紫禁城里的那段日子，由于母仪天下的荣耀和新婚燕尔的欢愉，婉容过得还算惬意，她的柔情与活泼也给溥仪带来了很多快乐，而她的饱学多识，更使溥仪视之为知己。但是婉容也有着大多数女人都有的小心眼和嫉妒心，所以文绣的存在，使得她和溥仪还是存在着一些不和谐音。

■ 历史上最后一声叹息

溥仪当上皇帝之后，就收留了一批孤儿。他们的父母都是被日本人杀害的，日本人担心这些在仇恨中成长起来的孩子将来会威胁到他们的统治，便指使伪政权用慈善团体名义将他们收养起来，并将他们改名换姓，进行奴化教育。在溥仪收留的这批孤儿中，有个叫赵志兴的孩子，已经12岁了，由于营养不良，身高不足一米，像个八九岁的孩子。赵志兴长着一颗大脑袋，聪明伶俐，嘴甜，会说话，颇受溥仪的赏识。来到宫内府不久，赵志兴就当了溥仪的球童。这是一个让那些孤儿们羡慕的差事。每当溥仪去打高尔夫球时，人们就会看到一个身背球杆，跑前跑后四处忙碌的孩子。他的任务就是把溥仪打飞的那些球捡回来。有一次，婉容陪着溥仪去打高尔夫球。溥仪挥起球杆击球，却击偏了，球滚到婉容的脚下。婉容弯腰把球捡起来。这时溥仪怒气冲冲地走过来，对着婉容大喊大叫，并挥手打了婉容一个耳光。

"谁让你捡的？谁让你捡的？"溥仪怒目圆睁，歇斯底里地叫喊着。

婉容并未争辩，挨了打之后，还要强颜欢笑。

之后，赵志兴问婉容："娘娘，您不疼吗？"

婉容叹了口气："怎能不疼呢？疼得似火一样。"

赵志兴追问："那您为什么还笑？"

婉容的脸上袭来一层阴云："能挨到皇上的打，也是一种福分。天底下有几个人能有这福分呀！"

回到寝宫以后，夜深人静之时，婉容一个人痛痛快快地大哭了一场。

1924年底溥仪被赶出了紫禁城，皇帝的尊号也成为了中国的历史。他带着婉容、文绣住进了天津张园。时间一久，溥仪性格上的弱点就逐渐暴露出来了，他最终向文绣提出了离婚。待溥仪逃至长春，成为了满洲执政府的傀儡后，他对婉容置若罔闻，不闻不问。同时婉容的行动也受到了日本人的严密监视和限制，这一切使婉容的身体和精神处于崩溃的边缘。于是婉容越来越放纵自己，她狂躁易怒，她嗜毒成瘾、她甚至有了溥仪所不能容忍的行为，总之，婉容竭尽所能地做出所有可以激怒溥仪的事情。所以也许这才有了后来所谓的"淫闻"吧。有时候只不过是一失足成千古恨，生米成了熟饭也就只有顺其自然，听天由命了！在这些问题上，除了历史学家会去考证之外，我们是没有必要评论先人的对与错，把它当作历史来读读就行，如此而已。

自从迎接秩父宫雍仁之后，溥仪为婉容制定了几条规矩：未经允许，不得跨出宫内府的大门；不得在各种公众场合露面；不得谈论与政治有关的话题……这到底是溥仪的主意，还是在日本人的授意下作出的规定呢？总之，人们在各种正式的场合里，再也见不到那位衣着鲜丽、风度翩翩的皇后了。

至此，婉容与外界完全隔绝，她开始了长达十年的冷宫生活，这段日子使她从一个娇美恬静的美人变成了一个形如槁木的疯子。

▲ 婉容像

到了1946年，随着日本人的投降，撇下了一大群的皇亲国戚，溥仪这个儿皇帝也仓皇出逃了。在随解放军转移到吉林延吉的监狱后，孤苦伶仃的婉容终于在魂一缕随风散，化作一抔黄土，结束了她曾令人羡、令人怨、令人怜、令人叹的一生。

从古至今，不知有多少冷宫中后宫嫔妃，深宅大院的妻妾会在失宠后，感叹道："红颜未老恩先断。心未老，色先衰，而爱驰。"这是以色事人的悲哀。当然这并不是由她们自身的因素造成她们悲哀的命运，而是残酷的现实，封闭的体制，利欲熏心的人心。

在静华的《漫谈伪后"秋鸿"》一文中，写了关于打入冷宫的婉容，并在伪满政权垮台后不久最早向社会披露了：在八年以前，崔小姐死了，鸿秋少了一个良伴，因而又增加了许多忧闷寂寞的成分。姑嫂不和（溥仪二妹"二格格"常常从中挑拨是非）也是一个重大的原因。于是，鸿秋的神经病加重了，"红颜多薄命"，鸿秋也逃不掉这个圈子，她病重了，她渐渐开始对于所有的人感到模糊了，但她也公开地被别人遗弃了。从此溥仪再没有和她同进过餐，同玩过球，同赏过春花秋月，更禁止她所有的亲属面见她，也不许离开她自己住着的地方，实际上她也不愿去散步了。从这个时候开始，一直到现在，她的病只是加重。这时她的饭由太监来做，她的丫鬟被打发了，她不知道梳洗，也忘了妆扮，给她饭她就吃，给她烟她就吸（她有鸦片嗜好），把她放到什么地方就是什么地方，她没有自主的力量，也似乎失掉知觉了。从前的花容月貌，变成了蓬头垢面；从前的窈窕多姿，而今是如柴的瘦骨。十四年来的幽居生活使她变得这样快吗？还是谁委屈了她？这个没有人知道。我们只有感慨：冷宫无情，红颜薄命！

诚然，幽幽后宫，多的是数不尽的深宫哀怨，她们在冷清的偏宫之中，每日俯首弄姿，于无情凄厉的冷风中翘首盼望，等待帝王的来临。相较于这些个到死都未曾一睹龙颜的女子来说,那些存在历史书卷中的或是名垂千古的,或是臭名昭著的女子毕竟也让我们记住了。

 **知识链接**

历代皇后居所

历代皇后一般都有自己专属的宫殿,那么她们都住在哪里呢?

1. 秦。不可考,可能和皇帝一起居于咸阳宫。

2. 东汉。长秋宫和西宫均为东汉初皇后居住之殿。汉武帝刘彻时陈皇后住甘泉宫,后搬到长门宫(冷宫);卫子夫住在未央宫。

3. 西汉。皇后多住在未央宫椒房殿。

4. 魏晋南北朝时期。王莽政权、西晋、前赵、前秦、后秦、西魏都把汉长安宫殿作为中央政府的行政枢纽,直至隋末被毁。这是我国历史上存在时间最长的宫殿。北周时,宣帝自称为天元皇帝,设正阳宫皇后。

5. 隋。皇后多住在永安宫。

6. 唐五代。立政殿,自然有母仪天下之势,长孙皇后便居住于此。五代比较混乱,但宋代宫殿是在五代洛阳宫殿基础上建成,可以参考。

7. 北宋。后宫有皇帝的寝殿数座,其中宋太祖赵匡胤住的是福宁宫,除后妃的殿宇外,后宫中尚有池、阁、亭、台等娱乐之处。延福宫是相对独立的一处宫区,在宫城之外。延福宫是帝、后游乐之所,最初规模并不大。

8. 南宋。仁明殿、慈元殿等数座宫殿为皇后、嫔妃所居。

9. 元。延春阁东庑外、宫城东华门内有皇后宫(称皇后斡耳朵),皇后宫中有坤德殿。

10. 明。在明代,坤宁宫是皇后居住地方。景阳宫为嫔妃所居,明神宗皇帝孝靖皇后曾居此。

11. 清。长春宫也是明清两代后妃居住宫殿。明代天启皇帝妃子李氏，清代乾隆皇帝孝贤皇后曾在这里住过。晚清时，同治皇帝亲政后，西太后也曾在这里居住。

图片授权

全景网

壹图网

中华图片库

林静文化摄影部

敬 启

本书图片的编选，参阅了一些网站和公共图库。由于联系上的困难，我们与部分入选图片的作者未能取得联系，谨致深深的歉意。敬请图片原作者见到本书后，及时与我们联系，以便我们按国家有关规定支付稿酬并赠送样书。

联系邮箱：932389463@qq.com

参考书目

1. 宋璐璐．中国历代皇后．北京：团结出版社，2016
2. 张宏伟．中国皇后全传．北京：北京联合出版公司，2015
3. 李瀚之．中国皇后全传．北京：当代世界出版社，2015
4. 姜正成．有趣的中国皇后．北京：中国财富出版社，2014
5. 夏志强．从后宫走向前朝：中国历代皇后从政轶事．北京：中国文联出版社，2014
6. 陈健．一口气读懂历史上那些皇后．北京：民主与建设出版社，2013
7. 张宏伟．中国后妃全传．北京：中国华侨出版社，2013
8. 杨府．皇后隐历史．武汉：长江文艺出版社，2011
9. 邵士梅．中国皇后传．西安：三秦出版社，2008
10. 殷登国．皇后的故事．北京：当代世界出版社，2008
11. 车吉心．中国皇后全传（共八册）．济南：山东教育出版社，2005

中国传统民俗文化丛书

一、古代人物系列（13本）
1. 中国古代乞丐
2. 中国古代道士
3. 中国古代名帝
4. 中国古代名将
5. 中国古代名相
6. 中国古代文人
7. 中国古代高僧
8. 中国古代太监
9. 中国古代侠士
10. 中国古代幕僚
11. 中国古代皇后
12. 中国古代士人
13. 中国古代华侨

二、古代民俗系列（10本）
1. 中国古代民俗
2. 中国古代玩具
3. 中国古代服饰
4. 中国古代丧葬
5. 中国古代节日
6. 中国古代面具
7. 中国古代祭祀
8. 中国古代剪纸
9. 中国古代鞋帽
10. 中国古代生肖文化

三、古代收藏系列（16本）
1. 中国古代金银器
2. 中国古代漆器
3. 中国古代藏书
4. 中国古代石雕
5. 中国古代雕刻
6. 中国古代书法
7. 中国古代木雕
8. 中国古代玉器
9. 中国古代青铜器
10. 中国古代瓷器
11. 中国古代钱币
12. 中国古代酒具
13. 中国古代家具
14. 中国古代陶器
15. 中国古代年画
16. 中国古代砖雕

四、古代建筑系列（12本）
1. 中国古代建筑
2. 中国古代城墙
3. 中国古代陵墓
4. 中国古代砖瓦
5. 中国古代桥梁
6. 中国古塔
7. 中国古镇
8. 中国古代楼阁
9. 中国古都
10. 中国古代长城
11. 中国古代宫殿
12. 中国古代寺庙

五、古代科学技术系列（15本）
1. 中国古代科技
2. 中国古代农业
3. 中国古代水利
4. 中国古代医学
5. 中国古代版画
6. 中国古代养殖
7. 中国古代船舶
8. 中国古代兵器
9. 中国古代纺织与印染
10. 中国古代农具
11. 中国古代园艺
12. 中国古代天文历法
13. 中国古代印刷
14. 中国古代地理
15. 中国古代地方志

六、古代政治经济制度系列（16本）
1. 中国古代经济
2. 中国古代科举

3. 中国古代邮驿
4. 中国古代赋税
5. 中国古代关隘
6. 中国古代交通
7. 中国古代商号
8. 中国古代官制
9. 中国古代航海
10. 中国古代贸易
11. 中国古代军队
12. 中国古代法律
13. 中国古代战争
14. 中国古代衙门
15. 中国古代外交
16. 中国古代盐文化

七、古代文化系列（26本）

1. 中国古代婚姻
2. 中国古代武术
3. 中国古代城市
4. 中国古代教育
5. 中国古代家训
6. 中国古代书院
7. 中国古代典籍
8. 中国古代石窟
9. 中国古代战场
10. 中国古代礼仪
11. 中国古村落
12. 中国古代体育
13. 中国古代姓氏
14. 中国古代文房四宝
15. 中国古代饮食
16. 中国古代娱乐
17. 中国古代兵书
18. 中国古代哲学
19. 中国古代宗祠
20. 中国古代奇案
21. 中国古代旅游
22. 中国古代家风
23. 中国古代地名
24. 中国古代家谱与年谱
25. 中国古代名字与别号
26. 中国古代墓志铭

八、古代艺术系列（12本）

1. 中国古代艺术
2. 中国古代戏曲
3. 中国古代绘画
4. 中国古代音乐
5. 中国古代文学
6. 中国古代乐器
7. 中国古代刺绣
8. 中国古代碑刻
9. 中国古代舞蹈
10. 中国古代篆刻
11. 中国古代杂技
12. 中国古代民间工艺